Nilkreuzfahrt

Von Luxor bis Assuan

Michel Rauch

MERIAN-TopTen

Höhepunkte, die Sie unbedingt sehen sollten

1 **Ballonfahrt über Luxor**
Mit dem Fesselballon fliegt man über Nil, Hatschepsut-Tempel und Tal der Könige und genießt beste Aussichten (→ S. 33).

2 **Karnak-Tempel**
Die Besichtigung am Tag lässt einen staunen, noch mehr aber die reizvolle Sound-&-Light-Show am Abend (→ S. 40).

3 **Tal der Könige**
Tut-anch-Amun und andere Pharaonen wurden hier bestattet; die Farben sind oft so frisch wie gestern gemalt (→ S. 42).

4 **Luxor-Museum**
Die einzigartige Sammlung ist das »Best of ...« der Funde aus Gräbern und Tempeln von Luxor und Theben-West (→ S. 45).

5 **Restaurant 1886**
Kerzenscheindinner im nostalgischen Winter Palace Hotel, danach ein Drink an der Bar – stilvoller geht's nicht (→ S. 46).

6 **Nilfahrt auf der »SS Sudan«**
Auf dem romantischen Schaufelraddampfer fuhren einst Könige, jetzt buchen sich Nostalgiker zur Reise ein (→ S. 52).

7 **Old Cataract Sofitel Hotel**
Einmal den Ausblick von der Nilterrasse genießen, im »1902« dinieren, in der Agatha-Christie-Suite wohnen ... (→ S. 63).

8 **Nubisches Museum Assuan**
Hier gibt's viel Informatives zur Kultur der Nubier, die ein Jahrhundert lang Ägypten beherrschten (→ S. 66).

9 **Insel Philae**
Ein bezaubernder Tempel im Nassersee, zu dem man mit dem Boot übersetzt, abends »Sound & Light« (→ S. 69).

10 **Tempel von Abu Simbel**
Mit dem in den Sechzigern versetzten Felsentempel errichtete sich Ramses II. ein Monument für die Ewigkeit (→ S. 75).

MERIAN-Tipps ⋯›
finden Sie auf Seite 128

Inhalt

Erläuterung der Symbole

Für Familien mit Kindern besonders geeignet

CREDIT *Alle Kreditkarten werden akzeptiert*

Keine Kreditkarten werden akzeptiert

Preise für Übernachtungen im Doppelzimmer inkl. Frühstück:

●●●●	*ab 120 US$*	●●	*ab 50 US$*
●●●	*ab 90 US$*	●	*ab 20 US$*

Preise für ein Menü mit Vorspeise und Dessert, ohne Getränke:

●●●●	*ab 100 LE*	●●	*ab 20 LE*
●●●	*ab 50 LE*	●	*bis 20 LE*

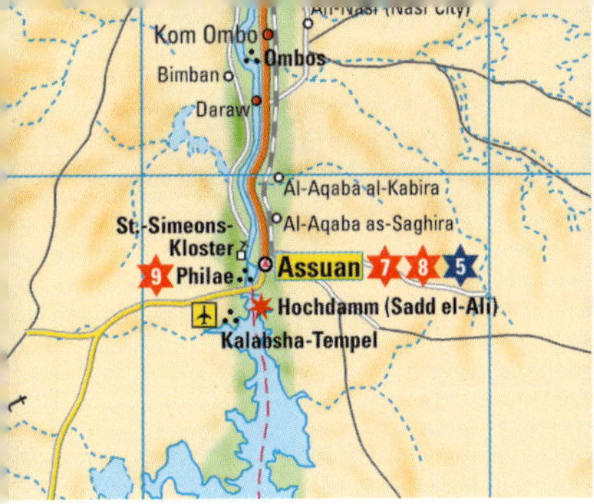

Karten und Pläne

Die Buchstaben-Zahlen-Kombinationen im Text verweisen auf die Planquadrate der Karten, z. B.

→ S. 60, A 3 Übersichtskarte
→ S. 65, b 2 Detailkarte

www.merian.de
Ihr persönlicher Zugangscode:
20060117

MERIAN-Tipps
Tipps und Empfehlungen für Kenner und Individualisten
Seite 128 →

Der Nil stellt sich vor

Von Assuan setzt man mit einer Feluke über den Nil auf die Insel Elephantine über. Die vielen Granitfelsen, die hier den ersten Katarakt bilden, sind eine reizende Kulisse.

Der Nil, längster Fluss der Welt, ist die Lebensader Ägyptens. Auf der Königsstrecke, mit Fortsetzung auf dem Nassersee, lernt man die Tempel von Luxor, das Tal der Könige und Abu Simbel kennen.

Willkommen am Nil!

Nahr el kholoud«, Fluss der Ewigkeit, nennen ihn die Ägypter, auch »shoriyan al haya«, Ader des Lebens, weil er ihnen alles gibt: Wasser, Nahrung, Zukunft. Der Nil, mit über 6700 Kilometern längster Fluss der Welt, hatte bei den Pharaonen einen eigenen Gott. Hapi, Nilgott der Fruchtbarkeit, wurde häufig mit Brüsten dargestellt, als Zwitter, weil er Nildelta und Niltal, die längste Oase der Welt, ergrünen und blühen lässt, weil er das Land nährt wie eine Mutter ihr Kind und es versorgt wie ein Vater seine Familie.

Einen kurzen Abschnitt dieses mächtigen Stromes werden Sie mit dem Schiff erkunden, die **Königsstrecke** zwischen Luxor und Assuan, eventuell ergänzt um eine Kreuzfahrt auf dem Nassersee. Wo einst Schiffskonvois tonnenschwere Monolithen aus den Steinbrüchen Oberägyptens für den Bau der Pyramiden nach Giza transportierten, wo Hohepriester auf Sonnenbarken den Göttern in Prozessionen huldigten, wo Caesar und Kleopatra – begleitet von 400 Schiffen – so richtig in Fahrt kamen, da werden Sie in wenigen Tagen tausende Jahre Geschichte erleben: per Schiff auf dem Nil – eine Reise wie in der Zeitmaschine durch die Kulturen von damals und heute. Als der Schweizer Orientreisende Johann Ludwig Burckhardt im Jahr 1815 Esna erreichte, musste er noch notieren, »Esne, eine kleine Stadt in Ober-Egypten, ohngefähr 160 Stunden von Cairo« [sic!].

Ägypten ist seit jeher das Land der **Studienreisenden**, die zu den Pyramiden, nach Theben, Luxor und Abu Simbel pilgern. Ägypten ist aber zunehmend auch das Land der **Bade-, Surf-, Tauch- und Erholungstouristen**, die in El Gouna, Hurghada und Marsa Alam am Roten Meer oder auf dem Sinai zwischen Taba und Sharm el-Sheikh ihren Urlaub verbringen. Immer mehr Ägyptenreisende kombinieren ihren Kulturtrip mit einem Sport- oder Badeaufenthalt am Meer.

Als »Geschenk des Nils« bezeichnete der griechische Geschichtsschreiber Herodot im 5. Jahrhundert v. Chr. Ägypten. Herodot überlieferte auch, dass die Quelle des Nils nach einer seinerzeit sehr verbreiteten Meinung in Oberägypten nahe Elephantine zwischen den Bergen Knophi und Mophi vermutet werde. Das entsprach der Vorliebe der Antike für mystische Deutungen. Die in der 18. Dynastie von ägyptischen Expeditionen gelieferte Erklärung, der Nil entspringe tief im Herzen Afrikas, wurde übrigens zu Herodots Zeiten schon wieder als Märchen abgetan.

Der Nil, in Ägypten 500 bis 900 Meter breit, speist sich aus zwei Quellflüssen und durchfließt insgesamt neun Staaten. Der mit 1350 Kilometern kürzere Blaue Nil (arabisch: »nil el-azraq«) entspringt als Abbai in 1800 Meter Höhe im äthiopischen Tanasee. Wesentlich länger ist der Hauptfluss, der Weiße Nil (arabisch: »nil el-abyad«). Er entsteht aus den Quellflüssen des Kagera-Nils, der wiederum in den Tälern der Gebirge von Ruanda und Tansania aus den so genannten Burundischen und Ruandischen Quellflüssen gespeist wird.

Bislang galt der Burundische als der längere Quellfluss. Geht es nach einer britisch-neuseeländischen Expedition im Jahr 2006, dann ist der Nil mindestens 100 Kilometer länger als angenommen. Die drei Forscher fanden im Regenwald Ruandas die Stelle, die sie für die wahre, bisher unentdeckte **Nilquelle** halten. In Assuan werden Sie dann immer wieder von den Katarakten des Nils hören: Zwischen Omdurman (Sudan) und Assuan gibt es sechs dieser seit Frühzeiten gefürchteten, für größere Boote unpassierbaren Stromschnellen.

Seit vorbiblischen Zeiten bestimmten die wiederkehrenden **Nilschwemmen** im ungefähren Sieben-Jahres-Rhythmus über fette und magere Jahre, über satte Ernten und bittere Trockenheit. Um diese unkontrollierbaren Überschwemmungen zu bändigen, baute Ägypten Anfang des 20. Jahrhunderts den Assuandamm. Im Jahr 1970 folgte mit dem Hochdamm **Sadd el-Ali** der weltgrößte Stausee (155 Millionen Kubikmeter). Ernte- und Anbaufläche konnten um knapp 20 Prozent ausgeweitet werden.

Probleme bereiten heute die Verschlammung des Speichersees und die Überdüngung des Niltals, dem die Regulierung des Bodenhaushalts durch die Überschwemmungen fehlt. Ein anderes Problem ist die Verteilung des Nilwassers unter den Anrainern in einem Einzugsgebiet von 2,8 Millionen Quadratkilometern. Nach dem Nil-Anrainer-Vertrag stehen Ägypten pro Jahr 55,5 Milliarden der durchschnittlich nutzbaren 85 Milliarden Kubikmeter Nilwasser zu. Mehr als einmal hat Ägypten drohend betont, dass es nur noch aus einem Grund Krieg führen würde – um seinen Anteil am Nilwasser zu sichern.

Allahu akbar« – Allah ist größer (als alles, was man sich vorstellen kann). Dieser Ruf des Muezzins, mit dem er über Lautsprecher vom Minarett der Moschee die Gläubigen zum Gebet auffordert, gehört zu den begleitenden Wahrnehmungen der Reise. Er steht für die verwurzelte Religiosität der Ägypter. Der Ruf könnte uns Europäer auch auffordern, gewohnte Vorstellungen von Schnelligkeit und Effizienz abzustreifen, sich in Geduld zu üben – es erleichtert vieles.

Der längste Fluss der Welt

Freunden Sie sich auch rechtzeitig mit dem ägyptischen »IBM« an. Das klingt auf den ersten Blick eher fortschrittlich, steht aber für eine Geisteshaltung, die das größte Problem Ägyptens auf dem Weg zu einem modernen Staat bildet: Die drei Initialen stehen für die ägyptischen Wörter »insha'allah«, »bukra« und »malesh«. »Insha'allah« bedeutet »So Gott will« und folgt jedem Ja, jeder Zusage – und meint einschränkend: Wenn's dann nicht klappt, dann wollte es Allah eben so. »Bukra« heißt »morgen«, meint aber: Was heute nicht geht,

Der Nil ist seit Anbeginn der Zeiten die Hauptschlagader Ägyptens – ein schmales Band äußerst fruchtbaren Landes, dahinter die Wüste, die 96 Prozent des Landes ausmacht.

lässt sich ebenso morgen oder auch übermorgen erledigen. Und morgen, das kann vielleicht auch nächste Woche sein, irgendwann halt – oder nie. »Malesh« entspricht dem freundlich-schläfrigen Gemüt vieler Ägypter und kann etwa mit »Macht nichts«, »keine Aufregung« oder »ruhig bleiben« übersetzt werden.

Geografisch liegt Ägypten wie ein großer Block zwischen **Libyen** im Westen und den Rotmeeranrainern **Israel**, **Jordanien** und **Saudi-Arabien** im Osten. Im Süden grenzt die Gumhurriya al-Arabiya al-Masriya (Arabische Republik Ägypten) an den Sudan. Die Mittelmeerküste bildet die gesamte Nordgrenze. Ägypten ist bei einer Gesamtfläche von 1 001 049 Quadratkilometern (davon 96 Prozent Wüste) etwa dreimal so groß wie Deutschland und liegt zwischen dem 24. und 36. Breitengrad sowie dem 22. und 31. Längengrad.

Eingesenkt in die Wüstentafel, erstreckt sich das etwa 1000 Kilometer lange Niltal, das sich nördlich von Kairo zum Nildelta auffächert. Der westliche Nilarm mündet bei Alexandria, der östliche bei Dumiat/Ras el-Barr ins Meer. Westlich der Flussoase breitet sich über zwei Drittel der Landesfläche die Libysche (Westliche) Wüste aus, östlich davon die Arabische Wüste. Sie wird von Wadis (Trockentälern) zerfurcht, erreicht Höhen bis 2000 Meter. Der Steilabfall des großen Grabenbruches führt hinunter zum Roten Meer, die großen Oasen liegen alle in der Libyschen Wüste. Die Halbinsel Sinai verbindet Afrika und Asien. Der Sinai entstand vor etwa 30 bis 40 Millionen Jahren, als Arabien von Afrika wegzudriften begann.

»Masr«, so heißt Ägypten auf Arabisch. »Masr« sagt der Ägypter auch, wenn er die Hauptstadt **Kairo** meint. Die 21-Millionen-Metropole präsentiert sich, was das Nachtleben angeht, trotz ihrer über 1000 Moscheen und Minarette als beinahe europäische Großstadt. Bei Tag dominiert der Eindruck von Schmutz, Staub und Lärm. Der Moloch Kairo ist, verstärkt durch die ungebremst anhaltende Landflucht, Brennpunkt der sozialen Probleme des Landes.

Klimatisch erwartet Sie im südlichen Oberägypten, wohin Sie die Nilkreuzfahrt führt, trockenheißes Wetter im Winter mit Temperaturen zwi-

Freundlichen Tempelwächtern begegnet man nicht überall. Die beiden Herren, denen die Aufsicht über Kom Ombo obliegt, zeigen sich jedoch von ihrer netten Seite.

schen 15 und 30 Grad Celsius. Nachts ist es spürbar kühler. Im Frühjahr und Sommer kann das Thermometer dann auf bis zu 50 Grad Celsius klettern. Unangenehm ist der heiße **Wüstenwind** Chamsin, der in den Frühjahrsmonaten März und April 50 (arabisch: »chamsin«) Tage lang alles mit einer feinen Sandschicht bedeckt und durchdringt.

Das heiße, im Süden Ägyptens oft unerträgliche tropische Klima diktiert den Lebensrhythmus, dem Sie sich anpassen sollten. Der Morgen, der späte Nachmittag und der Abend gehören den Aktivitäten. Die Mittagszeit sollte man für die Siesta, für ein kleines Nickerchen nutzen. Viele Durchfallerkrankungen haben ihre Ursache nicht in falscher Ernährung, sondern sind Folge von Erschöpfung: Die Hitze trocknet den Körper aus (Dehydration).

Auch wenn es vielleicht eine Enttäuschung ist: Krokodile gibt es in Ägypten – außer im Nassersee – ebenso wenig wie Nilpferde, Giraffen, Leoparden, Löwen und Strauße. Eine Klimaveränderung vor 15 000 Jahren zwang diese Tierarten, sich neue Lebensräume im Inneren Afrikas zu suchen. Bei Wüstentouren können Sie aber Wüstenfüchse, Schakale, Hyänen, Schlangen, Skorpione und Milane sehen. Der rar gewordene Falke ist als Wappentier in Arabien ein Symbol der Macht. Als Arbeitstiere dienen Esel und Kamele, genau genommen – weil einhöckrig – Dromedare.

Jahrtausende der Zivilisation

Die Geschichte Ägyptens – hier müssen Schlagworte genügen. Mit dem Thinitenkönig Menes, vermutlich Sammelname für mehrere Herrscher, beginnt 3000 v. Chr. das **Zeitalter der Pharaonen.** Es wird erst von Alexander dem Großen 332 v. Chr. beendet. Schon um 3000 v. Chr. entstehen erste Texte in Hieroglyphen, einer bildhaften Lautschrift. Im **Alten Reich** (2700–2150 v. Chr.) herrschen Pharaonen, also Gottkönige, über 42 Gaue. König Djoser lässt sich in Sakkara die erste Pyramide als Grab bauen. Sie markiert den Beginn der Steinbauarchitektur, die zeitlich zusammenfällt mit der Einführung des Beamtentums und der Bürokratie.

In den folgenden Jahrhunderten stehen die politischen Zeichen auf Bürgerkrieg. Eine Eroberungspolitik ohnegleichen leitet eine neue Blütezeit ein. Unter den Königen Mentuhotep und Sesostris I. dehnt Ägypten seine Grenzen im Norden bis Palästina und im Süden bis tief nach Nubien aus. Amun löst Re als Gott der Götter ab. Nach einer Zeit der Besatzung durch die semitischen Hyksos beginnt eine etwa 500 Jahre dauernde Großmachtzeit, verknüpft mit den berühmtesten Pharaonen.

Während des **Neuen Reiches** (1550–1070 v. Chr.) weitet Ägypten sein Imperium im Süden bis tief in den heutigen Sudan und im Norden bis nach Syrien aus. Als besonders geschickter Eroberer erweist sich Thutmosis III. Für einen historischen Paukenschlag sorgt **Echnaton**, der Ketzerpharao. Er etabliert den ersten Monotheismus mit Aton als höchstem Gott. Der berühmte Tut-anch-Amun stellt den alten Amun-Glauben wieder her. Ramses II. regiert 67 Jahre und macht sich unsterblich durch Monumentalbauten in ganz Ober- und Unterägypten. Nach ihm setzt der Niedergang des Pharaonenreiches ein.

Die Kornkammer Ägypten zieht von 1070 bis 332 v. Chr. die verschiedensten **Besatzer** aus Nubien, Äthiopien und Persien an. Mit der Unterwerfung Ägyptens 332 v. Chr. durch den Makedonen Alexander den Großen endet die Pharaonenzeit. Auf Alexanders Nachfolger, die **Ptolemäer**, folgen ab 30 v. Chr. die **Römer**. Ihre Herrschaft leitet der spätere Kaiser Augustus mit dem Sieg über die Flotte von Kleopatra und Antonius ein.

Alexandria, Stadtgründung Alexanders des Großen, entwickelt sich zum hellenistisch-geistigen Zentrum. Hier fasst das Christentum Fuß in Ägypten, bis Kaiser Diokletian die Verfolgung der ägyptischen Christen anordnet. Zur Erinnerung an die Märtyrer des Jahres 284 beginnen die **Kopten**, die ägyptischen Christen, mit diesem Datum ihre eigene Zeitrechnung.

Eine neue Ära leitet 640 der Feldherr **Amr Ibn el-As** ein, der die Byzantiner vertreibt, Ägypten in Schrift und Sprache arabisiert und den Islam einführt. Zu Koptenverfolgungen kommt es erst 300 Jahre später unter den schiitischen Fatimiden, die auch El-Qahira, »die Siegreiche«, wie Kairo auf Arabisch heißt, gründen. Die türkische Epoche beginnt 1517 mit Sultan Selim I. Bis 1798 bleibt Ägypten osmanische Provinz.

Napoleon will die englische Vorherrschaft im Mittelmeerraum brechen und erobert 1798 nach einer Schlacht gegen die Mamelucken Ägypten. Drei Jahre später erlebt der Korse aber vor Alexandria, bei Abukir, seine große Niederlage zur See durch den britischen Admiral Nelson. Frankreichs Soldaten verlassen schließlich Ägypten, doch die Gelehrten aus Napoleons Tross bleiben im Land. Sie begründen den Forschungszweig der Ägyptologie, beginnen mit systematischen Ausgrabungen und schaffen die Grundlage des heutigen Wissens über Ägyptens alte Kultur.

Geburt des modernen Ägypten

Als Geburtsjahr des modernen Ägypten gilt 1805. Der Albaner **Mohammed Ali Pascha** tritt als türkischer Statthalter an, vertreibt zuerst die Engländer und beginnt ein umfangreiches Reformwerk zur Modernisierung der Landwirtschaft und des Bildungswesens. Sein Nachfolger Ismail treibt dagegen mit dem Bau des **Suezkanals** Ägypten fast in den Ruin. 1875, sechs Jahre nach der Eröffnung des von Ferdinand de Lesseps erbauten Kanals, kauft England die Suezkanal-Aktien. 1882 besetzen die Engländer Ägypten und führen eine Kolonialdiktatur ein. 1914, nachdem sich eine breite nationalägyptische Front gebildet hatte, wird das Land britisches Protektorat. 1922 erkennt England die Unabhängigkeit an, aber erst 1956 nach Präsident Gamal **Abd el-Nassers** Verstaatlichung des Suezkanals und der Suezkrise ziehen die letzten britischen Truppen ab.

Die Freien Offiziere um General Mohammed Nagib und die späteren Staatspräsidenten Gamal Abdel Nasser und Anwar el-Sadat stürzen im Jahr 1952 den auch im Volk unbeliebten König Faruk. Nach der blutigen Revolution steuert Nasser, mit katastrophalen Auswirkungen bis heute, das Land auf einen prosowjetischen bzw. islamisch-sozialistischen Kurs. Fünfjahrespläne, Planwirtschaft, Mietpreisbindung sowie die Verstaatlichung privater Unternehmen, die heute mühsam wieder privatisiert werden, sind die Pfeiler Nasserscher Innenpolitik.

Nach dem Tod Nassers 1970 geht **Anwar el-Sadat** dazu über, dessen Politik zu korrigieren. Sadat ist es auch, der nach drei Kriegen mit Israel (1948, 1956, 1967) den Oktoberkrieg (Yom-Kippur-Krieg) anzettelt. Auf dem Schlachtfeld ist Ägypten, auch wenn es die staatliche Propaganda noch heute anders darstellt, der große Verlierer. Aber am Verhandlungstisch sichert Israel die Rückgabe der 1967 besetzten Sinaihalbinsel zu. Aus dem Falken Sadat wird die Friedenstaube. 1977 reist Sadat nach Jerusalem und schließt 1979 unter Vermittlung von US-Präsident Jimmy Carter den Camp-David-Frieden, der ihn 1981 bei der jährlichen Parade in Kairo am 6. Oktober durch ein Attentat das Leben kostet.

General Mohammed **Hosni Mubarak**, Nachfolger Sadats, verhängt

Leben zwischen islamischer Tradition und westlicher Moderne: Im Straßenbild der Großstädte mischen sich verschleierte und unverschleierte Frauen.

1981 den Ausnahmezustand und garantiert die Einhaltung des Camp-David-Abkommens. Der Friedensschluss bringt Ägypten die jahrelange Ächtung der arabischen Welt, aber Sadat und sein israelischer Kollege Menachem Begin legen damit den Grundstein für den Washingtoner Handschlag zwischen Yitzhak Rabin und Yassir Arafat, mit dem 1993 ein erster, schwieriger und vor allem langwieriger Friedensprozess zwischen Israel und der PLO eingeleitet worden war.

Präsident Mubarak ist nach Ramses II. heute der am längsten regierende Herrscher, stützt seine Macht auf eine immerwährende Notstandsgesetzgebung. Außenpolitisch hat sich Mubarak durch einen Einsatz für den Nahost-Frieden ausgezeichnet; innenpolitisch versprach Mubarak zügige Wirtschaftsreformen, Wohlstand für alle, weniger Korruption, mehr Demokratie. Die Realität spricht eine andere Sprache: Die Armut greift um sich, das Leben wird immer teurer. Wirtschaftsreformen stocken, und die Korruptionsvorwürfe gegen Mubaraks eigene Familie häufen sich. Die Demokratisierung ist nur ein Mäntelchen für eine Militärdiktatur, auch wenn es die »liberalste« im Nahen Osten ist.

Das Bild der **Ägypterin** hat sich in den vergangenen Jahren verändert – und zwar auf eher unverständliche Weise für den europäischen Besucher. Immer mehr Frauen verschleiern sich. Das mag in manchen Hochburgen der Fundamentalisten nicht ganz freiwillig geschehen (genügt der soziale Druck nicht, dann kommt es schon mal zu Säure-Attentaten auf Unverschleierte). Zudem ist für arme Leute die dem Islam entsprechende wallende Kleidung am billigsten. Für viele gebildete Mädchen und Frauen ist jedoch der Schleier, den die Frauenrechtlerin Hoda Sharawi einst aus Protest abgelegt hatte, heute ein wichtiges Symbol der Loslösung von westlichen Idealen, ein Zeichen der allenthalben zu beobachtenden Rückbesinnung auf islamische Werte.

Praktische Infos zur Nilkreuzfahrt

Einige Informationen, die das Leben an Bord erleichtern und ein sicheres Auftreten ermöglichen.

Eine Nilkreuzfahrt zwischen Luxor und Assuan ist ein Trip in die pharaonische Vergangenheit. Nahezu alle wichtigen Schauplätze dieser magischen Kultur werden angefahren.

Thomas Cook, Erfinder der Pauschalreisen, veranstaltete 1869 seine erste Gruppenreise auf dem Nil, eine durchschlagende Geschäftsidee. Schon 20 Jahre später gehörte dem britischen Tourismuspionier die gesamte Dampferflotte auf dem Nil, der seinerzeit den Beinamen »Cook's Canal« trug. Waren die Gäste damals reiche Bürger, Hochadel, Prinzen, der Schah von Persien und der deutsche Kaiser, die Nilkreuzfahrten die Aura des Extravaganten verliehen, so ist das heute glücklicherweise ein demokratisiertes Jedermannsvergnügen.

Anlegestellen

Zu den wenigen ungemütlichen Dingen einer Nilkreuzfahrt gehört das Anlegen. Die Schiffe werden aneinander vertäut, bis zu 17 Schiffe nebeneinander (Ausnahme Assuan: hier maximal 4). Dazu laufen meistens die Schiffsaggregate der Dampfer mit entsprechendem Lärm und Gestank. Will ein Schiff aus der Mitte auslaufen, müssen alle daneben liegenden »ausparken« und rangieren eher chaotisch auf dem Nil hin und her. Mit all dem Geschrei der Crew wirkt es jedes Mal wieder so, als würde das Manöver zum ersten Mal exerziert. Verlässt man sein Schiff zum Landgang, kann man daher selten gewiss sein, dass es noch am ursprünglichen Platz liegt. Man muss sich durchfragen oder die Schiffsrezeption anrufen (Nummer mitnehmen!), oft durch ein Dutzend Schiffe laufen; alles nicht gerade bequem, aber nicht zu ändern.

Buchung

Eine Nilreise erfordert gründliche Recherchen, bevor man sie bucht. Am einfachsten hat es, wer sich auf zuverlässige Empfehlungen von Freunden und Bekannten verlassen kann. Ansonsten gilt: Kataloge gründlich lesen und die Informationen zur Reise und vor allem den Schiffen vergleichen.

Ergiebig sind als Entscheidungshilfe auch Foren im Internet (z.B. bei www.holidaycheck.de), in denen Reisende oft ganz aktuell ihre erlebnisfrischen Erfahrungen teilen. Mithilfe von Fotos, Deckplänen und virtuellen Touren kann man sich dank des Internets auf den Homepages vieler Kreuzfahrtveranstalter (→ Nilschiffe im Internet, S. 15) einen ersten Eindruck von Ausstattung, Ambiente und Atmosphäre der Schiffe machen.

Beachten Sie bei der Buchung, dass zweimal im Jahr in der Nebensaison – also im Juni und im Dezember – die Schleuse von Esna gereinigt und gewartet wird. Alle Kreuzfahrten starten und enden dann nicht in Luxor, sondern in Esna, was den Reisepreis zwar drückt, aber auf den Reiseablauf auch erhebliche Auswirkungen hat.

Zu sämtlichen Luxor-Erkundungen, die man sonst bequem vom Schiff aus, das an Luxors Corniche liegt, unternimmt, wird man dann per Bustransfer – Dauer eine knappe Stunde – gefahren. Morgens hin und nachmittags wieder zurück. Wer dann abends noch in Luxor ein wenig ausgehen oder den Basar erkunden wollte, müsste auf eigene Faust nochmals dieselbe Strecke zurücklegen. Das tut sich kaum einer an. Esna selbst bietet kaum Zeitvertreib, man ist auf die Unterhaltung an Bord angewiesen.

Gesundheit und medizinische Versorgung

Achten Sie bei der Buchung einer Nilreise darauf, dass möglichst ein Arzt die Schiffstour an Bord begleitet. Man ist in Ägypten nicht durch die gesetzliche Krankenversicherung im Heimatland versichert. Schließen Sie also eine Reisekrankenversicherung ab, die Sie im Notfall auch unverzüglich nach Hause fliegen lässt. Ägyptische Krankenhäuser verlangen vor der Aufnahme eine Anzahlung. Die medizinische Versorgung entspricht nicht europäischem Standard, schon gar nicht in Provinzkrankenhäusern!

Apotheken finden sich überall. Medikamente sind meist rezeptfrei und erheblich billiger als in Europa. Wenden Sie sich im Notfall an Ihre Schiffs- oder Hotelrezeption (in ernsten Fällen zusätzlich an die Botschaft).

Durchfall, gerne »Rache des Pharaos« genannt, ist auf Nilkreuzfahrten oft gesehener Begleiter. Deshalb ist eine Reiseapotheke unerlässlich. Der Inhalt: Mittel gegen Durchfall, Fieber und Erkältungen, Schmerzmittel, eine Creme für Insektenstiche, Verbandszeug, Wunddesinfektion, Pflaster, Schere. Auch eine Salbe für Prellungen, Zerrungen und Verstauchungen (z. B. Mobilat) sollte mit dabei sein.

Tipps zur Vorbeugung: Verzichten Sie auf rohes Obst und Gemüse, ebenso auf Salate, Speiseeis, Eiswürfel, vor allem, wenn Sie anfällig für Durchfallerkrankungen sind. Wichtig: immer viel Wasser trinken, Speisen kräftiger als gewohnt salzen, um den hohen Salzverlust und Dehydration durch das unweigerlich verstärkte Schwitzen auszugleichen. Alkohol sollte man während der Hitze des Tages besser meiden.

Kabinen

Mit Kabinen ist es wie mit Hotelzimmern – es gibt sie in allerlei Ausstattungsvarianten und Größen, vom Mini-Einzelzimmer bis zur luxuriösen Suite. Auf etlichen neueren Schiffen haben die Kabinen einen kleinen Balkon und sind teils mit Radio und TV, einige mit DVD und Video ausgestattet. Es ist alles eine Frage des Preises. Was aber allen – außer Luxussuiten natürlich – gemein ist: Der Platz ist beengt, und von der Aussicht und

Doppelbett, Kommode, Balkon – so sieht eine Standardkabine auf moderneren Nilschiffen – hier die »MS Kasr« – aus. Natürlich gibt es stets auch Luxussuiten ...

dem Balkon hat man wenig, wenn die Schiffe in Reihen vertäut nebeneinander liegen, man also Fenster an Fenster mit der Kabine vom Nachbarschiff lebt. Bei der Buchung sollte man aufmerksam die Lagebeschreibung der Kabine lesen. Die billigsten Kabinen liegen in den Unterdecks in deutlicher Hörnähe des Maschinenraums. Das kann tagsüber eine Belästigung sein; nachts spielt es selten eine Rolle. Die meisten Nilschiffe legen spätestens um Mitternacht an einem Anleger an.

Womit Sie der Zimmerservice womöglich jeden Abend aufs Neue überrascht, das sind aus Ihren Handtüchern geknotete Figuren. Brillen, Sonnencreme, Bücher, Käppis werden zu fantastischen Krokodilen, Kamelen, Hunden, Katzen geknotet und auf dem Bett drapiert.

Kinder auf Nilkreuzfahrten

Auf dem Nil mit (Klein-)Kindern – verschwenden Sie besser keinen Gedanken daran. Die Reise an sich und das Besichtigungsprogramm sind zu anstrengend. Außerdem sind die Schiffe von den Sicherheitsstandards her nicht auf kleine Passagiere ausgelegt, Relings, Treppen und anderes nicht kindgerecht gesichert. Es gibt keine Spielmöglichkeiten, keine Spielzimmer. Frühestens ab Teenager-Alter kann man den Nachwuchs bei Interesse einigermaßen sorglos mitnehmen.

Kleidung und Kleiderordnung

Für die Nilreise ist leichte Sommer- und Badekleidung (für den Aufenthalt an Pool und Deck) angesagt. Wichtig für Besichtigungen sind festes Schuhwerk (Sandalen, Flipflops sind ungeeignet!) und als schützende Kopfbedeckung eine Baseballmütze oder ein heller Sommerhut. Wegen der in den Wintermonaten frischen Abende und der oft sehr kühl regulierten Klimaanlagen der Nilschiffe nimmt man dünne Pullover und Sweatshirts ins Gepäck. Sonnenbrille, Sonnencreme mit hohem Lichtschutzfaktor und Sunblocker dürfen ebenfalls nicht fehlen. Generell gilt es in Ägypten zu beachten: Sie sind Gast in einem islamischen Land. Miniröcke und aufreizende Tops sollten Sie außerhalb der Hotels oder Clubs nicht tragen.

Die Kleiderordnung an Bord unterscheidet sich deutlich von jener bei herkömmlichen Kreuzfahrten auf den Weltmeeren. Niemand erwartet, dass Sie im kurzen Schwarzen und im Frack mit Fliege zu Dinner oder Lunch erscheinen. Andererseits bleibt auf vielen Schiffen den Gästen der Zugang zum Restaurant verwehrt, wenn diese in Badekleidung, kurzen Hosen, ärmellosen Hemden und Badelatschen erscheinen.

Wie genau die Regelungen auf Ihrem gebuchten Schiff aussehen, darüber finden Sie üblicherweise Informationen im Katalog des Reiseveranstalters. Beizeiten sollten Sie sich auch eine Galabaya besorgen, den traditionellen Kleidrock. Auf den meisten Schiffen gibt es mindestens eine lustige Galabaya-Party.

Landausflüge

Die meist zusätzlich vor Ort zu buchenden Landausflüge sorgen bisweilen für Unmut unter den Nilreisenden, da sie in der Regel nicht im Preis enthalten und relativ teuer sind. Bequem an der organisierten Exkursion ist, dass sich der Reisende um nichts kümmern muss: Vor dem Schiff wartet der klimatisierte Bus. Man steigt ein, macht seine Besichtigungstour und wird wieder zurück zum Schiff gebracht. Man muss allerdings weitgehend bei der Gruppe bleiben, kann nirgends länger verweilen oder Stopps auslassen und ist obendrein den sehr wechselnden Qualitäten ägyptischer Reiseführer ausgeliefert.

Die Frage lautet also: Ist es ratsam, Landgänge auf eigene Faust zu unternehmen? Aus eigener Erfahrung ist zu sagen: Ja, selbstverständlich, warum nicht, man spart sogar einiges Geld. Man muss nur den Nerv haben, sich etwa mit Taxifahrern zu verständigen. Die Sehenswürdigkeiten von Esna, Edfu und Kom Ombo kann man vom Schiff aus ohne große Schwierigkeiten besichtigen. Besonders in Luxor, Theben (mit dem Tal der Könige) und Assuan, wo die Schiffe mehrere Tage vor Anker liegen, werden Individualisten ihr eigenes Programm zusammenstellen wollen. Ob pauschal oder individuell – wer viel besichtigt, wird nach seiner Nilreise eine oder zwei Wochen Badeurlaub (→ S. 104 und S. 108) doppelt genießen.

Nilschiffe – Achtung, vier Fünf-Sterne-Klassen!

Fünf Sterne – damit schmücken sich viele der rund 330 Nilschiffe. Es ist wie bei ägyptischen Hotels: Eine Reihe von völlig qualitätsunabhängigen Kriterien (z. B. Anzahl der Kabinen) führt zur Vergabe vieler Sterne. Bei Schiffen gilt: Der Zusatz ist entscheidend! Beste Kategorie sind »5 Stars Deluxe« und »5 Stars Superior«. Diese Top-Kategorien können Welten trennen von »5 Stars Plus« und »5 Stars Standard«. Da hilft nur, sich im Reisebüro des Vertrauens eingehend beraten zu lassen und Beschreibungen im Reisekatalog zu studieren.

Nilschiffe im Internet

In den Foren von www.holidaycheck.de findet man zahllose Beiträge von Reisenden, die über ihre Nilkreuzfahrten berichten. Nachfolgend finden Sie einige wichtige Links zu Homepages von Reiseveranstaltern mit Infos zu gern gewählten Nilkreuzfahrtschiffen.

All Holidays

Schiffe: Al Nabilatan, Belle Epoque, Egyptian Princess, Horus, La Reine du Nil, Montasser I, Nile Bride, Nile Dream, Nile Leader, Nile Splendor, Nile Souvereign, Nile Star, Nubian Sea, Orchestra, Princess Amira, Princess Eman, Queen Nefer I, Queen of Abu Simbel, Queen of Sheba, Radamis II, Ramses III, Royal Regency, Tania.

Tel. 0 30/6 06 90 52-4, -5, Fax 60 69 03 96; www.aegypten-nilkreuzfahrt.de/

german/nilkreuzfahrt/1/5star.htm und www.aegypten-nilkreuzfahrt.de/german/nilkreuzfahrt/1/4star.htm

Eastmar Travel
Schiffe: Atlas, Nilestar, Ra I und II.
Tel. 00 20/2/5 74 50 24, Fax 5 74 33 66; www.eastmartravel.com

The Egyptian Connection
Schiffe: Adonis, African Queen, L'Aube du Nile, Mahrousa, Miss World, Moon River, Orchid, Pharos, Prince de la Vie, Radamis, Regency, Rosa Bianca, Royale, Semiramis, Senator, Silver Moon, Sonesta Moon Goddess, Sonesta Nile Goddess, Sonesta Sun Goddess, Tamr Henna, Terramar, Ti-Yi.
Tel. 0 01/7 18/2 79 79 19, Fax 3 57 66 22; www.egyptontheweb.com

Grand Cruises
Schiffe: Grand Glory, Grand Palm, Grand Preziosa, Grand Rose, Grand Star, Grand Sun, Suntimes.
Tel. 00 20/65 54 11 44; Fax 65 54 11 45; www.grand-cruises.com

Isis Travel
Schiffe: Coral II, Nile Crown 2 und 3, Queen Isis.
www.isistravel.com

Memnon Tours & Cruises
Schiffe: Nile Marquis I und II, Nile Smart, Nile Smile, Nile Supreme, Queen Nefer II, Zeina.
www.memnontours.com

Niltours
Schiffe: Atlas, Beausoleil, Florence, Mahrousa, Ra I und II, Semiramis I und II.
Tel. 02 21/9 45 89 26, Fax 9 45 28 27; www.niltours.de

Oberoi
Schiff: Oberoi Philae.
Tel. 00 20/2/3 83 32 22, Fax 3 83 77 77; www.oberoiphilae.com

Pharaohotels
Schiffe: Al Jamila, Domina, La Reine du Nile, Nile Pioneer I und II, Orchestra, Princess Amira, Queen Nefer I, Renaissance, Solitaire, Waves.
Tel. 00 20/2/6 90 43 74, Fax 6 90 43 75; www.pharaohotels.com

Seti First Group
Schiffe: Alessandra, Arabella, Astra, Excelsior, Fleur, Kira, Le Pascha, Memnon, Rive Gauche, Savoy, Seti Club, Sinai, Sudan, Tivoli.
Tel. 00 20/2/7 36 98 20, Fax 7 35 24 19; www.setifirst.com

Galabaya statt Uniform: Die Kapitäne der Nil-Pötte kleiden sich gerne traditionell.

Shalkamy Group
Schiffe: Egyptian Princess, El Fostate, King Tut I, II, III und IV, King Tut Fleet, Nile Hadeer, Ramses of Egypt I und III.
Tel. 00 20/2/3 47 22 05, Fax 3 45 34 61; www.shalkamy-eg.com

Springtours
Schiffe: Dahabeya Dongola, Karim, Spring I – La Traviata, Medea, Miriam, Nile Sapphire, Nile Secret.
Tel. 00 20/2/7 36 59 72, Fax 7 36 59 67; www.springtours.com

Travco
Schiffe: Crown Jewel, Crown Jubilee, Crown Prince, Helio, Iberotel Crown Empereor, Iberotel Crown Empress, Imperial, Nile Empress, Nile Monarch, Nile Pearl, Nile Sovereign, Princess Eman, Regency, Regent, Regina, Royale, Senator, Tania.
Tel. 00 20/2/7 35 48 90, Fax 7 35 48 97; www.travco-eg.com

Traveline
Schiffe: Hamees, Sun Ray.
Tel. 00 20/2/70 35 90-4 bis -10, Fax 7 03 59 09; www.traveline-eg.com

Reisekasse

Die lieben Reisenebenkosten: Ägypten lockt mit vielen Niedrigpreis-Angeboten für Pauschalreisen. Unterschätzen Sie deswegen nicht die Kosten vor Ort! Zum Trost: Nach einer Erhebung von 2006 besitzt in Ägypten 1 € die Kaufkraft von 1,55 € – ein Spitzenwert!

Was galoppiert, sind die (jährlich unangekündigt erhöhten) Eintrittskosten für Monumente, die im globalen Vergleich allerdings mehr als angemessen sind. Mit einem internationalen Studentenausweis kann man häufig Geld sparen. Einem Beschluss des Religionsministeriums zufolge soll der Eintritt in Moscheen landesweit auch für Touristen kostenlos sein. Das wird leider nicht einheitlich gehandhabt, fragen Sie am besten am Einlass! Als Grundregel, die das Budget schont, gilt: Verlassen Sie die touristischen Trampelpfade! Restaurants und Pubs außerhalb der Fünf-Sterne-Hotels und Beach-Resorts sind oft genauso gut, stets deutlich billiger und viel authentischer.

MERIAN-Tipp

1 Felukenfahrt auf dem Nil

Lautlos auf dem Nil reisen, unter den geblähten Segeln einer kleinen Feluke, das ist ein preiswertes und unvergesslich naturnahes Abenteuer. Die leuchtend weiß gestrichenen Feluken sind heutzutage aus Holz und Metall gefertigt, ältere Schiffe bestehen noch wie zu früheren Zeiten ganz aus Holz. Man bucht direkt an den Quais von Luxor oder Assuan. Die Hilfe der Hotelrezeption ist zu empfehlen, da der Kapitän eine gültige Lizenz für die Strecke benötigt. Vier Tage lang ist man von Luxor nach Assuan unterwegs (240 km). Preis (Anhaltswert): bei vier Personen an Bord ungefähr 100 €/Person, einfache Gerichte inklusive. Wegstrecke, Stopps, Essen – alles sollte bereits vor Beginn der Tour ausgehandelt werden.

Reisezeit

Nilkreuzfahrten unternimmt man des milderen Wetters in Oberägypten wegen in aller Regel zwischen September und April. Sommer-Kreuzfahrten haben natürlich den Vorteil, dass die Tempel und Gräber weniger überlaufen und die Reisepreise niedriger sind. Über die Weihnachtszeit sind die Schiffe meist ausgebucht, und der Besucherandrang an den Monumenten ist dann am stärksten.

Schleuse von Esna

Die Schleuse kann nur zwei Schiffe gleichzeitig abfertigen. Durch die oft langen Wartezeiten kommt es oft zu Verspätungen.

Kleiner Kreuzfahrt-Sprachführer

Wichtige Wörter und Ausdrücke

Ja	*aiwa*
Nein	*la*
Bitte (m/w)	*law samaht/ law samahti oder min fadlak/ min fadlik*
Danke	*schukran*
und	*we*
Wie bitte?	*Naam? oder Affandem?*
Ich verstehe nicht (m/w)	*ana misch fahim/ fahma*
Entschuldigung (m/w)	*ana asif/asfa*
Guten Morgen	*sabah el-kheir*
(Antwort darauf)	*sabah en-nur*
Guten Tag	*misa el-kheir*
(Antwort darauf)	*misa en-nur*
Guten Abend	*misa el-kheir*
(Antwort darauf)	*misa en-nur*
Hallo	*Ahlan*
Ich heiße	*ana ismi*
Ich komme aus	*ana min ...*
Wie geht's? (m/w)	*izaiak/izaiik?*
Danke, gut (m/w)	*al-hamdulilah quweies/quweiessa*
Wer, was, welcher?	*min, eh, ani?*
Wie viel?	*kam?*
Wo ist?	*fen?*
Wann?	*imta?*
Wie lange?	*Ad eh waqt?*
Sprechen Sie Deutsch (m/w)?	*inta/inti bitkal lim/bitkallimi al mani?*
Auf Wiedersehen	*maasselama*
heute	*innaharda*
morgen	*bukra*

Zahlen

eins	*wahid*
zwei	*itnen*
drei	*talata*
vier	*arbaa*
fünf	*chamsa*
sechs	*sitta*
sieben	*sabaa*
acht	*tamania*
neun	*tissaa*
zehn	*ashara*
elf	*hedashar*
zwölf	*etnashar*
zwanzig	*ashrin*
einundzwanzig	*wahid we ishriin*
dreißig	*talatin*
vierzig	*arbain*
fünfzig	*chamsin*
sechzig	*sittin*
siebzig	*sabain*
achtzig	*tamanin*
neunzig	*tissain*
hundert	*meya*
tausend	*alf*

Wochentage

Montag	*yom el-etnehn*
Dienstag	*yom el-talat*
Mittwoch	*yom el-aarbaa*
Donnerstag	*yom el-khamis*
Freitag	*yom el-gumaa*
Samstag	*yom el-sabt*
Sonntag	*yom el-had*

Auf dem Schiff

Ahoi!	*yalla!*
Schiff	*safina*
Wo ist der Hafen?	*fen el mina?*
Anlegestelle	*muazaf*
Dampfschiff	*safina buchareyah*
Motorschiff	*safina be motor*
(Schiffs-)Hupe	*kalaks*
Kabine	*kabinah*
Oberdeck	*satth el safinah*
Wie schnell fährt das Schiff?	*El markeb maschi besor'et kam?*
Wann sind wir in ...?	*Haneusal emta ...?*
Wie lange bleiben wir in...?	*Hano'od ad eh fi....?*
Wann legt das Schiff ab?	*El safina hat'oum emta?*
Wo ankert das Schiff?	*El safina hatersi fen?*
Wo finde ich den Kapitän?	*Ala'ai fen el kobtan?*

Wo ist die Brücke?	*Fen markaz el kobtan?*
Darf ich den Maschinenraum sehen?	*A'adar aschuf odet el aghezah?*
Meine Toilette ist verstopft	*El toilette beta'ai bayez*
Können Sie bitte einen Arzt rufen?	*Momken tetesel bedoktor men fadlak?*
Ich kann nicht schwimmen!	*Ma ba'arafsch a'aum*
Wo sind die Rettungsboote?	*Fen marakeb el inkaz?*
SOS	*Alnagdah*

Unterwegs in Ägypten

Wie weit ist es nach ...?	*... baiida aan hena ad eh?*
Wie kommt man nach ...?	*izzay awsal lil ...?*
Wo ist ...	*fen*
– der Bahnhof/Busbahnhof	*mahattit il qatr/mahattit il au tobis*
– der Flughafen	*il matar*
– die Touristeninformation	*il maktab el-istaalamat es-sieha*
– die nächste Bank?	*aqrab bank?*
Wo finde ich einen Arzt/eine Apotheke	*fehn aqrab doctor/aghzakhana* oder *saidleia*
rechts	*yimin*
links	*shimal*
geradeaus	*aalatul*
Ich möchte ein Auto/ein Fahrrad mieten	*ana ayiz/ayza aagarr aarabeya/aagala*
Eine Fahrkarte nach	*tazkara lil ...*
Ich möchte ... Euro in LE wechseln	*ana ayiz/ayza ahawil ... euro li gineh*

Hotel

Ich suche ein Hotel	*ana badawir aala hotel*
Ich suche ein Zimmer für ... Personen	*ana ayez/ayza ghurfa li ... afrad*
Haben Sie noch Zimmer frei?	*Fi ghurfa fadia?*
– für eine Nacht	*leila wahda*
– für zwei Tage	*yomen*
– für eine Woche	*usbuu wahid*
Ich habe ein Zimmer reserviert	*ana hagazt ghurfa wahda*
Wie viel kostet das Zimmer?	*Bikam il oda oder ghurfa?*
– mit Frühstück	*bil fitar*
– mit Halbpension	*noss ikama*
Kann ich das Zimmer sehen?	*Mumkin ashuf il oda?*
Ich nehme das Zimmer	*Ana hakhud il oda*
Kann ich mit Kreditkarte zahlen?	*Mumkin adfaa bil visa?*

Restaurant

Die Speisekarte bitte (m/w)	*il menu law sa maht/samahti*
Die Rechnung (m/w)	*il hisab law sabitte maht/samahti*
Ich hätte gerne einen Kaffee	*mumkin law sa maht/samahti wa hid qahwa?*
Wo finde ich die Toiletten?	*Fen il toilette?*
Kellner	*garcon*
Frühstück	*fitar*
Mittagessen	*ghadda*
Abendessen	*aasha*

Einkaufen

Wo gibt es?	*Fen alaqi*
Haben Sie (m/w)	*hadritak/hadritik andak/andik*
Das ist zu teuer	*ghali awi*
Geben Sie mir bitte 100 g/ein Pfund/ein Kilo ...	*Mumkin tidini met gram/bi gineh/kilo ...*
Danke, das ist alles	*schukran bass keda*
geöffnet/geschlossen	*maftuh/maqful*
Bäckerei	*furn*
Markt	*suq*
Metzgerei	*gazzar*
Lebensmittelgeschäft	*supermarket*

Gewusst wo ...

Legendär ist die Terrasse des Old Cataract Hotel in Assuan mit ihrem unvergleichlichen Blick auf Nil und Feluken – besonders bei Sonnenuntergang ein traumhafter Ort ...

Willkommen im Orient! Exotische Speisen, Einkaufen in verwinkelten Basargassen, der Zauber islamischer Feste – alles ist anders in Ägypten. Hier einige wichtige Tipps für einen gelungenen Urlaub.

Essen und Trinken

Diät, adieu! Üppig, schwer und süß mögen es Ägyptens Köche. Genießen Sie es einfach!

Das Kaffeehaus ist eine ägyptische Institution, das Fishawi im Khan-el-Khali-Bezirk in Kairo das älteste des Landes. Angeblich wurde es bereits im Jahr 1773 eröffnet.

Vollpension in Form von »all inclusive« ist die sich verbreitende Art der Verpflegung auch auf Nilkreuzfahrtschiffen. Bei »all inclusive light« sind auf vielen Schiffen ab dem Abend zusätzlich die Getränke (mit und ohne Alkohol) mit eingeschlossen. Serviert werden in aller Regel wechselnde Themenbüfetts, oft auch ägyptische Küche.

Für den Ägypter gehört das Essen zu den Lieblingsbeschäftigungen, zumindest für diejenigen, die sich das leisten können. Vieles, wovon hier die Rede sein wird, zählt für den Großteil der ägyptischen Bevölkerung zu den luxuriösen, meist unerschwinglichen Köstlichkeiten. Fleisch war seit alters her knapp, und so entwickelte sich eine vegetarische Küche, die einen Fleisch nur zu gerne vergessen lässt.

Kebab und Kofta an jeder Ecke

Viele dieser Gerichte serviert man in Restaurants und an Bord als orientalische Vorspeisen und Beilagen zu Fleischgerichten. In die so genannten **Mezze** (Vorspeisen), gereicht auf kleinen Tellern, dürfen Sie nach Landessitte mit dem »Aish baladi«, dem Fladenbrot, tunken. Zu den am häufigsten angebotenen Vorspeisen gehören: »Foul«, für viele einfache Ägypter das Frühstück und zugleich wichtigste Hauptmahlzeit, »Tahina«, »Babaghanoug«, »Hummus betahina«, »Wara einab« und Tomaten-Zwiebel-Salat.

Fleisch kommt oft gegrillt auf Ägyptens Tische, und es ist sicher meist frischer, als es der Reisende von zu Hause gewohnt ist. Denn zwischen dem Schlachten und der Verarbeitung vergehen oft nicht einmal Stunden – was auf den Nilschiffen natürlich nur mit gewissen Einschränkungen gelten kann.

Die Fleischküche mag nicht sehr fantasievoll sein, das meiste wird nur auf dem offenen Feuer gebrutzelt. Ob Sie »Kebab« (gegrilltes Lamm/Rind) oder »Kofta« (gegrillte Hackfleischbällchen) essen – mehr Freude haben Sie vermutlich an der Fischküche des Mittelmeeres und des Roten Meeres, die Barrakudas, Tintenfische, Krabben und Garnelen kennt, die je nach Region anders zubereitet werden.

Auf all das muss man auch bei einer Nilkreuzfahrt nicht verzichten. Mit ungeheurem logistischen Aufwand bei der Warenanlieferung serviert man an Bord reichhaltigste Büfetts, damit der Urlauber auch tief in Oberägypten noch Fisch aus dem Mittelmeer genießen kann. Bei leicht verderblichen Lebensmitteln sollte man bei empfindlichem Magen auf den Schiffen allerdings besondere Vorsicht walten lasen.

Noch ein Wort zum Thema **Trinkgeld**: Um die fünf Prozent gelten als Richtwert, den Sie auf dem »Festland« auf den Rechnungsbetrag geben sollten; bei hohen Beträgen etwas weniger, bei niedrigen etwas mehr. An Bord hat es sich leider eingebürgert, dem Kellner am Anfang der Reise ein Trinkgeld zu geben, um sich seine Aufmerksamkeit zu sichern; zum Ende der Reise gibt es dann die Restzahlung. Euroscheine werden gerne akzeptiert.

Für den Hotelaufenthalt vor oder nach der Kreuzfahrt gilt: Wem das Ambiente wichtiger ist als das Essen selbst, der bleibt am besten im Hotel. Was einem dort vorgesetzt wird, vermittelt allerdings meist nur eine schwache Ahnung von orientalischer Küche. Doch aus Angst vor Magen- und Darmbeschwerden meiden die meisten Besucher die zahlreichen Straßenrestaurants, die oft nur ein oder zwei Gerichte anbieten, keine Speisekarte haben und das Flair abgewetzter Plastiktischdecken verbreiten. Eine ägyptische Besonderheit sind die zahllosen **Kaffeehäuser**, in denen die Männer meist unter sich sind.

Sättigend sei das Mahl, fett und schwer – nach dieser Maxime wird heute noch in Ägypten gekocht. Kein Wunder, geht es doch in erster Linie darum, die meist sehr große Familie satt zu machen. Viel Olivenöl kommt dabei zur Anwendung, Sesam und Safran als Gewürze verleihen vielen Speisen den typisch orientalischen Geschmack. Für Weight Watcher ist Ägypten das Fegefeuer.

Landestypische Gerichte

Aish balladi: Fladenbrot.
Babaghanoug: Mus aus Auberginen und Tahina.
Hummus: Kichererbsenmus.
Foul: ein Brei aus gekochten Saubohnen. Das Fleisch des armen Mannes, das zum Frühstück ebenso wie zum Abendessen gekocht wird. Es gibt viele Variationen, z. B. »Foul iskanderani« mit Ei oder mit »Pasterma«, eingelegtem Rindfleisch.
Kebab & Kofta: das Standardgericht vom Grill. Lamm und Rind am Spieß, mal als Fleischstückchen, mal als Hackfleischbällchen, meist auf jeder Menge Petersilie und Reis gebettet.
Kushari: ein Reis-Zwiebel-Nudel-Linsen-Gericht, das in speziellen Restaurants angeboten wird.
Molukhiya: spinatartige, schleimige Gemüsesuppe mit viel Knoblauch, die unheimlich müde machen soll.
Om Ali: Wer mit seinem Hunger nicht schon bei der Hauptspeise auf der Strecke blieb, sollte als Nachtisch Om Ali, übersetzt »Alis Mutter«, ordern. Das ist ein überbackenes Milch-Brot-Gemisch mit Nüssen und Rosinen.
Shawerma: Gyros auf Ägyptisch, aber mit gänzlich anderem Geschmack; gibt es an allen Straßenecken.
Tabulah: Tomaten-Petersilien-Salat.
Tameya: wie Foul ein ägyptischer Klassiker – die Gemüsefrikadelle, die man ebenso morgens wie abends essen kann, oft als Sandwich mit etwas Salat und Sauce.
Tahina: die Standardsauce zu den Vorspeisen, viel Sesam, viel Öl – einfach lecker.
Wara einab: Weinblätter, gefüllt mit Reis und manchmal mit Fleisch.

Nationalgetränke sind »Ahwa« (Kaffee) und »Shai« (Tee), die bei nahezu jeder Gelegenheit gereicht werden. Als »masbut«, mittelsüß, bekommt der **Kaffee** dem mitteleuropäischen Gaumen am ehesten. Ausge-

Wasserpfeife rauchen, Kaffee trinken, Backgammon spielen: Die Besucher dieses Kaffeehauses im Kairoer Stadtteil Bab Zuwela huldigen dem Müßiggang.

sprochen lecker schmeckt auch »Karkadeh«, ein Tee aus Malvenblüten, den man warm oder kalt trinkt. Karkadeh ist eine Spezialität Oberägyptens, vor allem Assuans und Luxors. »Nhana« heißt der ebenfalls sehr typische Pfefferminztee.

Verzichten Sie darauf, Leitungswasser zu trinken, wenn Sie anfällig für Darmerkrankungen sind. **Mineralwasser** und **Softdrinks** (Coke, Fanta, Seven Up, Canada Dry) bekommt man an jeder Straßenecke. Überall gibt es auch Saftläden, die je nach Jahreszeit frischen Orangen-, Mango- oder Zuckerrübensaft anbieten. Achten Sie bei Mineralwasser darauf, dass die Flasche verschlossen serviert wird; andernfalls sollten Sie sie zurückgehen lassen.

Für Freunde von **Bier** gibt es das ägyptische »Stella Local« (nicht zu verwechseln mit dem ungenießbaren »Stella Export«) und das in Lizenz gebraute Löwenbräu. Das neue »Stella Premium« ist wie die Sakkara-Biere vergleichbar mit europäischen Exportbieren, die viele Hotels im Angebot haben (meist auch Heineken).

Trotz des Islams ist eine Tradition, die aus pharaonischer Zeit rührt, in Ägypten nicht klein zu kriegen: der **Weinbau**. Waren die Weine bis vor kurzem mit dem Etikett Naturessig nicht ganz falsch klassifiziert, gibt es seit 1999 von Giannaclis und Obélisque gute Tafelweine. Giannaclis baut im Nildelta an, Obélisque keltert in seiner Winzerei am Roten Meer aus Italien und Frankreich importierten Most. Als Faustregel darf gelten: die Weißweine von Giannaclis, die Roten von Obélisque.

Ein gutes ägyptisches Essen rundet die »shisha« ab, die blubbernde **Wasserpfeife**, die in den vergangenen Jahren immer beliebter wurde. Es gibt sie in immer mehr guten Restaurants. Sie wird geraucht mit allerlei parfümierten Tabaken. Zu den beliebtesten Varianten zählen Apfel, Honig,

Gefülltes Gemüse, eingelegte Weinblätter, gegrilltes Geflügel und vieles mehr: die kulinarische Auswahl an Bord einer Fähre.

Erdbeere und Minze. Sogar ansonsten überzeugte Nichtraucher sind häufig Freunde der »shisha«, deren Duft passives Rauchen zum Vergnügen macht. Man sagt ihr auch eine anregende und verdauungsfördernde Wirkung nach.

Zuletzt die blubbernde »shisha«

Wichtig für Einsteiger: Rauchen Sie nicht »auf Lunge«, ziehen Sie gemächlich und wundern Sie sich nicht, wenn der Kellner für Sie – mit eigenem Mundstück natürlich – die Shisha am Tisch ordentlich zum Glimmen bringt. Mit ein bisschen Routine erledigen Sie das selbst. Eine Shisha-Füllung kostet wenige Pfund.

Empfehlenswerte Restaurants und andere Lokale finden Sie jeweils bei den Orten im Kapitel »Unterwegs am und auf dem Nil«.

Einkaufen

In Sachen Shopping ist Ägypten ein wahres Paradies. Feste Ladenschlusszeiten sind hier unbekannt.

Fliegende Händler bevölkern in Scharen den Nil. Von kleinen Ruderbooten aus bieten sie Kreuzfahrtpassagieren an einem Schleusenhalt beispielsweise Galabayas an.

Eine gute und eine schlechte Nachricht: Ägypten ist ein Einkaufsparadies. Aber auf den Nilkreuzfahrtschiffen ist das Angebot der Bordboutiquen erstens meist beschränkt auf Schmuck und Souvenirs, eventuell noch Bücher, Zeitungen, Zeitschriften und zweitens meist hoffnungslos überteuert. Es kann Sinn machen, sich vor dem Ablegen jeweils mit Mineralwasser, Hygieneartikeln oder Zigaretten – und allem voran Medikamenten! – von Land einzudecken.

Supermärkte wie in Europa findet man allenfalls in Kairo. Sie heißen »Carrefour«, »Metro« und »Alpha Market«. Ansonsten gibt es noch im winzigsten Dorf kleine Lebensmittelmärkte mit ziemlich ähnlichem Angebot, die je nach Lage unterschiedlich teuer sein können.

Ladenschlusszeiten sind in Ägypten die Sache jedes Geschäftsinhabers, über die er nach Lust, Laune, Kundschaft und Konkurrenz bestimmen kann. Als Faustregel gilt eine allgemeine Öffnungszeit von 9 bis 14 und 16 bis 21/22 Uhr. An Freitagen, den islamischen Sonntagen, bleiben neuerdings immer mehr Läden zu, ebenso am christlichen Sonntag, an dem sich ein Bummel im Basar von Kairo folglich kaum lohnt. In Luxor und Assuan sowie in den Badeorten bekommt man davon wenig mit.

Was kann, was soll man in Ägypten kaufen? Günstig sind Ledertaschen, Koffer, Gürtel, Schuhe und Geldbörsen, erhältlich auch in Krokoleder (oft gefälscht – deswegen und auch aus Artenschutzgründen: Finger weg!). In den Basaren kann man nette Schnäppchen machen. Antiquitäten und Elektrogeräte (meist importiert) sind dagegen ziemlich teuer.

Apropos **Fälschungen**: Von beinahe allen namhaften Firmen, die mit Bekleidung, Taschen, Uhren oder Musik handeln und deren Markennamen als positiv besetztes und exklusives Statussymbol gelten könnten, gibt es im arabischen Raum überall Fälschungen, so genannte »pirates«.

Besonders preiswert werden **Parfüms** und **Kosmetik** sowie die dazugehörigen Flakons, Fläschchen und Gläser gehandelt, wobei sehr darauf geachtet wird, dass alles klein und fein und orientalisch verspielt gestaltet und verpackt wird. Allerdings: Die Parfüms stammen nicht, wie die Händler häufig behaupten, von echten Blumen und Blüten, von Rosenplantagen, sondern kommen aus (oftmals deutschen) Chemielabors.

Die Souvenirindustrie, die Herstellung prächtigen Tands, hat eine lange orientalische Tradition. Tutanch-Amuns Totenmaske, auf Papyrusimitat gedruckt, wird man beinahe in jedem Geschäft finden, selbst noch 1000 km vom Tal der Könige entfernt.

Reizvoller ist da schon **Mode-** und **Goldschmuck**. Billiger als in Ägypten und den übrigen orientalischen Ländern bekommt man nirgends kunstvollen Goldschmuck, da sich die niedrigen Lohnkosten im Preis deutlich bemerkbar machen. Den aktuellen Goldpreis für 18, 21 sowie 24 Karat entnimmt man täglich der englischsprachigen »Egyptian Gazette«. Für den europäischen Geschmack ist das Design oft zu barock, zu überladen, zu protzig. Die meisten Goldschmiede fertigen aber auch Schmuck nach Vorlagen und eigenen Entwürfen an. Auch Silber- und Modeschmuck ist angesichts der Handarbeit nur als spottbillig zu bezeichnen. Zugreifen lohnt sich allemal, da vergleichbare Stücke in Europa oft das Zehnfache kosten.

Sehr günstig gemessen am europäischen Preisniveau ist **Baumwollkleidung**. Lassen Sie sich doch einfach ein geeignetes Stück beim Schneider in Ihrer Größe anfertigen! Auch von Beduinen angebotene bestickte Frauenkleider sind oftmals sehr reizvoll. Man sollte sie, wenn möglich, direkt bei den Beduinenfrauen erwerben.

Schach- und Backgammonbretter gibt es in kunstvoll gearbeiteter Ausführung, oft mit Alabaster- und leider auch Elfenbein-Einlegearbeiten. In den Souks bekommt man die typischen Wasserpfeifen sowie alle dafür nötigen Utensilien und Tabaksorten. Hübsche und zudem preiswerte Mitbringsel sind Fläschchen in allen Formen und Größen, die mit mehreren Schichten von farbigem Sand gefüllt sind.

Gewürze wie Safran, Sesam, Kardamon, Pfeffer, exotische Currymischungen sowie getrocknete Malvenblüten für den Karkadeh-Tee erhält man in jedem Basar. Den besten Karkadeh ersteht man in Assuan und Luxor. Dort sollte man sich unbedingt die Zeit nehmen und einen Gewürzladen besuchen, mit eigener Nase erleben, wie frisch, wie intensiv hier Gewürze wirken. Die Händler lassen den Besucher gerne Gewürze schmecken, Kräuter riechen, haben häufig Tipps, empfehlen etwa getrocknete Guavenblätter als bewährtes Haus- und Heilmittel bei Erkältung und Schnupfen.

Die größte Auswahl von allem, egal was, findet man natürlich in der Hauptstadt Kairo, auf dem berühmten **Khan el-Khalili Bazar**, dem größten Basar Afrikas (→ MERIAN-Tipp, S. 100). 1382 gründete der Prinz Jaherkas el-Khalili diesen Souk (Markt) als neuen Umschlagplatz für Händler aus Arabien, Vorderasien, Persien und Indien. Von Anis bis zur Wasserpumpe bekommt man hier noch heute alles. Die Marktstraßen sind nach Branchen aufgeteilt, denn Konkurrenz belebt bekanntlich das Geschäft. Der Khan el-Khalili ist übrigens der einzige Souk Ägyptens, der den persischen Namen Bazar trägt. Natürlich haben sich die Händler auf dem Khan el-Khalili Bazar inzwischen auf Touristen eingestellt und sowohl die Qualität ihrer Produkte als auch die Preise darauf ausgerichtet. Dennoch mag man mit etwas Gespür die eine oder andere Kostbarkeit finden.

Wer ein wirklich schönes und seltenes Schmuckstück ergattern möchte, findet im Laden von Michael Nasser sehr geschmackvolle Objekte. Seine Waren sind schlicht, elegant und erschwinglich. Das Design der Ringe, Ketten, Anhänger und Armbänder entwirft er selbst. Schon König Faruk, der Schah von Persien und die Begum Aga Khan haben bei der libanesischen Familie Nasser eingekauft (12, Khan el-Khalili St.).

Ein wahrlich sinnliches Erlebnis ist der Besuch des Gewürzbasars in Kairo.

Orientalische Messinglampen in vielen Formen sind ein gefragtes Souvenir.

Alle Vorsicht ist angebracht, wenn Ihr Tourguide Sie etwa in ein Geschäft, eine Teppichknüpferei oder eine Fabrik lotst, die besonders billig oder gut sein soll. Ungefähr 30 % des Umsatzes, den der Händler mit Ihnen macht, geht in diesem Fall als Provision an den Reiseführer. Das sind also 30 %, die Sie mitbezahlen, ganz egal, wie angestrengt Sie auch feilschen mögen.

Apropos **Feilschen**: Vielen Europäern, im Alltag an Festpreise gewöhnt, fällt es schwer, um den Preis zu verhandeln. Wenn der Verkäufer das merkt, dann haben Sie eigentlich schon verloren. Gehen Sie es sportlich an: Es geht um eine Ware, die Sie möglichst billig erstehen wollen und die der Verkäufer möglichst teuer losschlagen will. Im Orient ergibt sich daraus die Selbstverständlichkeit, dass man darüber redet. Nichts anderes tun Sie, wobei ein Pokerface, ein wenig Theatralik und ausreichend Zeit durchaus hilfreich sind.

Vor allem aber: Lassen Sie weder erkennen, dass Sie für ein Stück fast jeden Preis zahlen würden, noch dürfen Sie mit Brachialrhetorik wie »Mein Preis, sonst gehe ich« einsteigen. Ein Glas Tee oder Kaffee sorgt oft für das Ambiente, in dem Zeit unwichtig wird. Fangen Sie, lächeln erlaubt, mit Ihrem Gebot ruhig bei der Hälfte des geforderten Preises (oder darunter) an. Zur Taktik kann es gehören, das Feilschen abzubrechen und zu gehen. Tun Sie das nicht schroff, sondern lächelnd, und kommen Sie eventuell später oder anderntags zurück. Das wirkte schon oft Wunder.

Manche Händler an den Badeorten am Roten Meer und im Sinai sind inzwischen leider dazu übergegangen, bei Touristen Festpreise zu fordern. Auch in den Bordboutiquen ist häufig nur mit großem Geschick und viel Ausdauer überhaupt ein Rabatt auszuhandeln. An Bord hat sich bewährt, beim gemeinsamen Shopping mit anderen Mitreisenden ansehnliche Mengenrabatte herauszuschlagen.

Empfehlenswerte Geschäfte und Märkte finden Sie jeweils bei den Orten im Kapitel »Unterwegs am und auf dem Nil«.

Feste und Events

Mulids, Sham el-Nessim und natürlich der Ramadan – die Ägypter sind Feiertagsweltmeister.

Mit ausgelassenen Volksfesten feiern Muslime ihre Heiligen – wenngleich es nach strenger Auslegung des Korans einen solchen Status überhaupt nicht gibt.

Die islamischen Feiertage, vor allem den Fastenmonat sollte man bei der Reiseplanung beachten. Im Ramadan verlegen die Ägypter das Leben weitgehend in die Nacht. Am Tag sind viele vom Fasten (und Feiern bis in den Morgen) gereizt, vieles klappt noch weniger als sonst. Restaurants und Cafés sind tagsüber oft geschlossen. Essen, trinken, rauchen in der Öffentlichkeit ziemt sich nicht!

Ramadan

Vierte Säule des Islam ist im Monat Ramadan das Fasten. Nach dem abendlichen Ruf des Muezzins (nach Sonnenuntergang, wenn der schwarze vom weißen Faden nicht mehr zu unterscheiden ist) darf aber gegessen werden. Man beginnt mit Datteln oder einem sorbetähnlichen Aprikosengetränk namens »Kamar el-din«. Dieser Vorspeise folgt ein üppiges Mahl, »Iftar« genannt. An Schlaf, außer an ein kurzes Nickerchen, denken die wenigsten. Wichtigste Nacht ist die »Layla kebira«, die Nacht der ersten Offenbarung; es ist die 27. Nacht des Fastenmonats.

2006: 24. Sept., 2007: 13. Sept., 2008: 2. Sept.

Id el-Fitr

Das dreitägige Fest, auch »kleines Bairam« genannt, beendet den Fastenmonat. Gläubige verteilen Geschenke und Almosen in Form von Geld und Lammfleisch.

2006: 24. Okt., 2007: 13. Okt., 2008: 2. Okt.

Id el-Adha

70 Tage nach dem kleinen Bairam findet das »große Bairam« statt, das Opferfest zum Ende der Pilgerfahrt und zur Erinnerung an Abrahams angebotenes Opfer des Ismail. Bei diesem mehrtägigen Fest ist viel geboten: Es werden Lämmer und Hammel geschlachtet, man trifft Freunde.

2006: 31. Dez., 2007: 20. Dez., 2008: 9. Dez.

Awil sana hidschriya

Das moslemisches Neujahr wird als ein eher kleines Fest begangen.

2007: 20. Jan., 2008: 9. Jan., 2008: 30. Dez.

Mulid el-Nabi

Mohammeds Geburtstag fällt auf den 12. Tag des ersten Monats Rabi al-Awwal. An diesem Tag werden keine alkoholischen Getränke ausgeschenkt, und in jeder Stadt und in jedem Dorf beten strenggläubige Moslems die Nacht hindurch in den Moscheen.

2007: 10. März, 2008: 29. Feb., 2009: 18. Feb.

Mulids

Die Heiligenfeste sind im Volksglauben sehr populär. Tipp: die Kairoer Mulids an der Hussein-Moschee, z. B. zum Prophetengeburtstag.

Koptische Feiertage

Feiert die christliche Minderheit, hat das wenig Auswirkungen auf das öffentliche Leben. Die Kopten haben im Gedenken an die Christenverfolgung Diokletians seit 284 n. Chr. ihren eigenen Kalender. Weihnachten fällt auf den 7. (in Schaltjahren 8.) Jan., Neujahr ist am 11. (12.) Sept., Ostern und Pfingsten liegen später als bei uns. Auf den koptischen Ostermontag fällt »Sham el-Nessim«, der Duft des Westwindes, ein Frühlingsfest, das seit pharaonischen Zeiten gefeiert wird. Ägypter aller Konfessionen ziehen dann mit Kind und Kegel ins Grüne. Kinder weckt man mit Zwiebeln und schenkt ihnen bemalte Eier. Die klassische Speise ist »fesiech«, ein stark gepökelter Fisch.

Opet-Fest

Eine Prozession in Luxor, alljährlich im August. In pharaonischen Zeiten wurde bei diesem Fest Gott Amun – zur Bestätigung seiner Göttlichkeit – mit seiner Frau Mut und deren Sohn Chons von Karnak durch die Sphingenallee nach Luxor gebracht.

Sport und Freizeit

Golfen, Surfen, Tauchen, Reiten – für Abwechslung zum Bade- und Besuchsprogramm ist gesorgt.

Mit dem Heißluftballon über der Wüste schweben und das Land von oben erleben ist ein unvergesslicher Ferienspaß. Mehrere Anbieter haben solche Trips im Programm.

Der Nilkreuzfahrer verbringt die meiste Zeit auf dem Schiff; das Angebot für Sport und Freizeit ist dort natürlich eingeschränkt. Komfortablere Boote haben erstklassig ausgestattete Fitnessräume. Im Anschlussurlaub am Meer oder in Kairo gibt es dafür wieder ein reichhaltiges Angebot.

Angeln

Angelschein, Sportfischerausbildung und andere Formalitäten dieser Art sind in Ägypten weitgehend unbekannt. Am Roten Meer sowie rund um den Sinai gibt es vor Ort organisierte Angeltouren. Fische(r) gibt es natürlich auch im und am Nil. Allerdings ist hier die Abwasserbelastung des Stromes im Norden zu bedenken. Auf unerwarteten Fischreichtum – riesige Nilbarsche – trifft man im Nassersee (→ MERIAN-Tipp, S. 91). Angeltrips organisieren: **Lake Nasser Adventure** (Mobil-Tel. 0 12/1 04 02 55, Tel. 0 12/ 3 50 38 25, Fax 0 97/2 32 36 36, www.lakenasseradventure.com); **Andrees Angelreisen** (Schöne Aussicht 21, 65523 Niedernhausen, Tel. 0 61 27/ 80 11, Fax 76 78); im Internet sehen Sie u. a. Fotos der Fangerfolge von Barschfischern, www.andrees-angelreisen.de/aegypten/index.htm.

Baden am Roten Meer und im Golf von Aqaba

Saison ist hier, des warmen Wassers wegen, das ganze Jahr. Der Sand ist etwas grobkörniger als am Mittelmeer. An nach Osten offenen Küsten muss man im Winter mit heftigem Wind und manchmal mit Regenfällen rechnen.

Hurghada: Die akzeptablen Badeplätze liegen alle außerhalb, an der südlichen Hotel-Corniche. Die von Booten angefahrenen Sandinseln sind bessere Sandbänke, bar jeden Schattens, ohne Trinkwasser und Infrastruktur. Bleibt zum Schwimmen im Grunde nur das Feriendorf bzw. der Club.

Sharm el-Sheikh: Das Zentrum ist die windgeschützte Naama-Bucht, einige Kilometer außerhalb. Private Camping- und Luxushütten von Hilton und Mövenpick bieten mit 61 000 Touristenbetten (2006) Urlaub für (fast) jeden Geldbeutel.

Ballonfahrten/Wasserflugzeug

1

Über den Pyramiden von Giza schweben oder den Luxor-Tempel von oben betrachten – ein fantastisches Erlebnis! Je nach Wetterlage und Nachfrage finden die Fahrten mit dem Heißluftballon statt. Die Trips, ideale Fotosafaris, dauern je nach Wind ein bis zwei Stunden. Anmeldung bei **Hod Hod Soliman Luxor** (Tel. Luxor 0 95/2 37 01 16 oder 2 36 50 60, Fax 2 38 66 51, Handy 0 12/2 26 16 97 oder 0 10/5 68 84 39, Tel. Kairo 02/ 73 83 75-1 bis -9; www.magic-horizon.com). Oder Luxor mit dem Wasserflugzeug erleben – es fliegt Pilot Erik (Handy 0 10/6 77 49 68).

Dr. Ragab's Pharaonic Village

Auf der Jakobsinsel von Giza führt ein Kanal der Mythologie durch eine alte pharaonische Siedlung. Hier wird das einstige Leben von 100 originalgetreu kostümierten Darstellern simuliert, mit Nachbildung eines Tempels mit heiligem See und Tut-anch-Amun-Grab.

Tel. 02/5 71 86 75/6/7; tgl. 9–21 (Sommer), 9–17 Uhr (Winter); Eintritt 60 LE

Filmstadt Kairo

45 Autominuten vom Kairoer Zentrum entfernt liegt Ägyptens Babelsberg – u. a. mit Delfinshow, orientalischen Häusern, einem nachgebauten Karnak, Cafés, Restaurants.

6th of October City; tgl. 10–17 Uhr; Eintritt 35 LE, Kinder unter 3 Jahren frei

Golf

18-Loch-Anlagen finden sich in Kairo auf dem Gelände des Mena House unterhalb der Cheops-Pyramide, einer der schönsten Plätze im Nahen Osten. Ägyptens exklusivste Anlagen entstanden in Katameya Heights bei Kairo, in Sharm el-Sheikh, Luxor, El Gouna und bei Soma Bay nahe Hurghada.

Viele Tauchschulen am Roten Meer und auf dem Sinai stellen Equipment bereit.

Rad fahren
In Kairo nicht zu empfehlen, im übrigen Ägypten kein Problem. Viele Hotels bieten kostenlose oder günstige Fahrräder zur Miete an. Sportliche erradeln sich in Luxor das Tal der Könige.

Reiten
Die meisten Ägyptenbesucher reiten rund um die Pyramiden von Giza auf dem Rücken von Kamelen. Wer die Reiterei ernsthaft betreibt – auf Pferden –, der findet Ställe in Kairo südlich der Pyramiden, abseits der Pyramids Road. Ausritte mit Wüstenpicknick führen in der Regel nach Sakkara und Abusir. Auch Touren bei Sonnenaufgang, Sonnenuntergang und Vollmond sind möglich. Der Reitstall **Abd el-Azizz** in der Sh. Abul el-Hol, direkt auf dem Weg zu den Giza-Pyramiden (Tel. 3 85 05 31), ist auch auf große Gruppen und Wüstentouren spezialisiert. Hier können Kinder und Erwachsene das Reiten erlernen. In Luxors Tal der Könige kann man mit dem Esel aufbrechen (ab 40 LE/Person).

Surfen
Das Surfer-Mekka Ägyptens heißt Hurghada. Das schönste Surfrevier, schwören eingefleischte Surfer, findet sich unmittelbar vor dem Magawish-Club im südlichen Hurghada. Ein Tipp ist auch Dahab auf dem Sinai.

Tauchen und Schnorcheln
Die Taucher-Hochburgen sind Hurghada am Roten Meer und Sharm el-Sheikh an der Südspitze des Sinai sowie die Orte nördlich davon bis Dahab/Nuweiba. Von Ras Mohammed und Sharm el-Sheikh über Naama Bay bis Dahab erstreckt sich auf 105 km eines der schönsten Tauchreviere der Welt, oft verglichen mit der Karibik und dem Great Barrier Reef in Australien.

Tennis
So gut wie jede Hotelanlage unterhält neben Fitnessräumen inzwischen auch einen oder mehrere Tennisplätze. Die Benutzung ist häufig im Hotelpreis inbegriffen, ansonsten aber sehr preiswert. Vor allem die Ferienclubs am Roten Meer und auf dem Sinai vermitteln auch Tennispartner und verleihen gegen Gebühr Schläger und Bälle.

Wandern
Wanderer erobern den Zentralsinai. Auf mehrtägigen Ausflügen kann man die bezaubernde Wüsten- und Bergwelt der Sinaihalbinsel erkunden. Diese Expeditionen sollte man nie ohne (beduinische) Begleitung unternehmen. Zu den Trends gehören Fastenausflüge in die Wüste beim Katharinenkloster auf der Sinaihalbinsel. Einige kleine Reiseveranstalter bieten kombinierte Biking- und Wandertouren an, z. B. www.spiritofsinai.de.

Zirkus Kairo
An der Sh. El-Nil in Kairo-Agouza hat der Ägyptische Nationalzirkus, Träger einer Goldmedaille des Zirkusfestivals in Monte Carlo, sein Zelt und Stammhaus.
Info-Tel. 02/3 46 48 70

Unterwegs am und auf dem Nil

Der Matrose winkt, die Schiffshupen dröhnen mal dumpf, mal mit Fanfaren zur Begrüßung. Über 300 Kreuzer sorgen bisweilen für reichlich Verkehr auf dem Nil.

Bequemer geht's nicht: Per Schiff legt man eine der geschichtsträchtigsten Flussstrecken der Erde zurück und erlebt zwischen Abydos und Abu Simbel eine Zeitreise durch das pharaonische Ägypten.

Luxor und Theben

Der Karnak-Tempel und das Tal der Könige sind zwei der vielen Höhepunkte der alten Pharaonenstadt.

Nirgendwo in Ägypten drängen sich die jahrtausendealten Kulturdenkmäler so dicht an dicht wie hier. Das moderne Luxor und die pharaonischen Tempelanlagen sind in den letzten Jahrzehnten zu einem Ballungsgebiet zusammengewachsen.

Luxor und Theben

→ S. 60, C 3

85 000 Einwohner
Pläne: → S. 41 und S. 43
Vorwahl: 0 95

Luxor ist der zentrale Punkt einer Nilreise, hier beginnen und enden die meisten Kreuzfahrten. Kein Ort hat eine auch nur ähnliche Vielfalt und Menge an pharaonischen Monumenten. Luxor lebt seit Generationen von Besuchern: Ein Blick genügt, und ein Händler im Basar wird Ihre Nationalität erraten, Sie in Ihrer Landessprache mit einer Wendung anreden. Schon der junge Gustave Flaubert war höchst erstaunt, als ihm Mitte des 19. Jh. hier ein Männlein in mehreren Sprachen seine Dienste anbot.

Seinen Namen wechselte Luxor im Laufe der Geschichte häufiger. In pharaonischer Zeit etwa hieß die Stadt »Waset«, die Griechen nannten sie »Thebai« (nicht zu verwechseln mit dem griechischen Theben). Erst die Araber, die ab dem 7. Jh. Ägypten eroberten, gaben der Stadt den Namen »El-Uqsor«, zu deutsch: die Paläste. Mit Amun, der im Mittleren Reich (2040–1610 v. Chr.) zum Staatsgott erhoben wurde, erlebte Luxor seine Blütezeit und war eine der größten und schönsten Städte der Welt.

»Hunderttoriges Theben«, hatte Homer über die Nilstadt geschwärmt. Was erhalten blieb, ist imposant. Der Aufstieg zur Attraktion für den Studientourismus begann mit Napoleons Ägyptenfeldzug 1798. Im Tross hatte er ein Heer von Wissenschaftlern, die systematisch nach den versunkenen Stätten der Pharaonen suchten. Die Tempel und antiken Monumente sind heute mit der lebendigen Innenstadt Luxors verwachsen. Über den Nil muss man setzen, will man nach **Theben**, ins Totenreich der Pharaonen, gelangen.

Und nicht vergessen – drei Dinge braucht der Tempelbesucher: Sweatshirt für die kühlen Morgenstunden, Sonnencreme für den Schutz der Haut und Mineralwasser gegen den Durst. Wegen der Masse der Sehenswürdigkeiten kann ein weiterer Aufenthalt vor oder nach der Nilreise sinnvoll sein.

Hotels/andere Unterkünfte

Mövenpick Jolie Ville

→ S. 41, südl. b 6

Hotel auf der Nilinsel Crocodile Island, eine der schönsten Anlagen Ägyptens. Die Bungalows liegen inmitten einer Gartenlandschaft mit zwei großen Pools; Boot-Shuttle nach Luxor.
Crocodile Island; Tel. 2 37 48 55, Fax 2 37 49 36; www.moevenpickhotels.com; 332 Zimmer ●●●● CREDIT

New Winter & Pavillon Palace

→ S. 41, südl. b 6

Den wundervoll renovierten Altbau aus König Faruks Zeiten bevorzugen Gäste mit einem Faible für nostalgisches Wohnen. Der Garten ist eine Pracht, der Teesalon sehenswert.
Luxor Temple St.; Tel. 2 38 04 22; www.sofitel.com; 237 Zimmer ●●●● CREDIT

Nefertiti Hotel → S. 41, b 6

Die Lieblingsherberge von Rucksacktouristen unweit des Luxor-Tempels ist sauber, einfach ausgestattet: Deckenventilator, Gemeinschaftsduschen.
Karnak Temple St.; Tel. 3 72 23 86; www.neferitihotel.com; 25 Zimmer ●

MERIAN-Tipp

2 Al Moudira Hotel

Diwane, Sofas, Orientteppiche, Sitzkissenlandschaften – Zeina Aboukheir, eine Weltenbummlerin aus dem Libanon, erfüllte sich mit dem barocken Luxushotel ihren Traum. Man wohnt in einer von 24 Villen mit Themensuiten (pharaonisch, islamisch usw.), genießt türkisches Bad und Pool sowie den herrlichen Garten.

Theben-West, 4 km vom Tal der Könige; Tel. 012/3 25 13 07, Fax 3 22 05 28; www.moudira.com → S. 43, südl. f 4

Schlichtweg überwältigend sind die Dimensionen der Tempelanlage von Karnak.

SEHENSWERTES

In Luxor und Karnak kann man die Distanzen zwischen den verschiedenen Tempeln bequem zu Fuß und/oder mit der Pferdekutsche zurücklegen. Über den Nil führen südlich von Luxor eine Brücke und eine Touristenfähre, Ableger gegenüber dem Sofitel Winter Palace Hotel. Nördlich davon liegt die Anlegestelle der billigeren und von Einheimischen bevorzugten Fähre. Um sich auf der anderen Nilseite fortzubewegen, mietet man ein Taxi, reitet auf einem Esel (ein aufreibendes Vergnügen!) oder fährt Rad (im Hotel nach Leihrädern fragen!).

2006 galten folgende Ticketpreise: Theben-West: 60 LE, Ramesseum: 40 LE, Tal der Könige 55 LE, Grab Tutanch-Amuns 70 LE, je drei weitere Gräber 40 LE, Tal der Königinnen 50 LE, Hatschepsut-Tempel 50 LE; absolutes Fotoverbot!

Karnak-Tempel → S. 41, bc 1

Eine weit verzweigte Tempelstadt – so beschreibt man am besten die Ausmaße der bedeutendsten ägyptischen Monumentalanlage, deren Bauten teilweise 2000 Jahre vor unserer Zeitrechnung entstanden. Immer wieder haben Pharaonen das Heiligtum erweitert, um Höfe, Säulensäle und Tempel zu vergrößern. Das imposanteste Bauwerk von Karnak ist der Große Amun-Tempel, erbaut von Ramses II. im 12. Jh. v. Chr. Bevorzugt ließ er sich als tollkühner Kriegsheld darstellen, der den Feind abschlachtet, als Liebling der Götter. Diese Motive finden sich auf dem Pylon.

Beeindruckend ist der Weg zum Heiligen See, der durch die verschiedenen Tempelbezirke (Reichsgott Amun, Chons) führt und erahnen lässt, mit welcher Energie die Pharaonen einander beim Ausbau Karnaks übertrumpfen wollten. Zu den Weltwundern zählte einst der Große Säulensaal mit mehr als 130 jeweils 24 m hohen Rundsäulen. Ohne Führer sollte man diesen Tempel besser nicht besichtigen (Eintritt 40 LE).

Eindrucksvoll ist die Show **Sound & Light** im Karnak-Tempel, ein nächtlicher Rundgang durch die 2000-jährige Geschichte des Götterbezirks.

Deutsche Show: So 18 Uhr (Winter), 20 Uhr (Sommer); Tel. 2 37 22 41; www.sound-light.egypt.com; Eintritt 55 LE

Luxor-Tempel → S. 41, b 6

Der von Amenophis III. um das Jahr 1500 v. Chr. erbaute Tempel der Gottheiten Amun, Mut und Chons wurde 1882 von französischen Archäologen ausgegraben. Mit 260 m Länge und einer Breite von 50 m ist er einer der größten Tempel der Welt. Auch hier hat sich Ramses II. verewigt. 74 Säulen gaben einst dem großen Hof sein Gesicht. Opulente Reliefs erzählen im darauf folgenden Säulengang von Prozessionen, von Volksfesten mit Musik und Tanz.

Luxor und Karnak
0
450 m
N
Tempel des Month
Tempel des Ptah & Sakhmet
Großer Amuntempel
Tempel Sethos' II
Tempel Ramses' II
Heiliger See
Shari el-Karnak
Tempel Ramses' III
Chons-Tempel
Tempel Amenophis' II
Tempel des Osiris & Ipet
Karnak
Sphingen-Allee
Tempel Amenophis' III
Tempel der Mut
Heiliger See
Tempel Ramses' III
Airport, Kairo
Shari Nahr el-Nil
(Corniche)
Shari el-Matar
Mabad el-Karnak
Nile (Nil)
Shari Ahmos
Shari
Luxor-Museum
Theben-West, Grab der Nefertari, Tal der Könige
Tourist Ferry
Tourist Ferry
Luxor
Shari Salah Salem
Shari Hatshepsut
Shari Ahmos
Sh. Yusef Hassan
Sh. Mustafa Kamel
Sh. el-Muntaza
Shari Bur Said
Shari en-Nikheili
Shari Cleopatra
Shari el-Asayta
Sphingen-Allee
Luxor-Tempel
Abu-el-Haggag-Moschee
Shari el-Mahatta
Station
Restaurant 1886, Crocodile Island, Mumien-Museum, Assuan
Sheraton Luxor
© MERIAN-Kartographie

Der Besuch des Tempels beginnt am nördlichen Pylon, wo Ramses-Statuen den Eingang flankieren. In der Kapelle der Pharaonin Hatschepsut finden sich Reliefs, die den Eingangsbereich dieses Tempels in Flaggenschmuck zeigen. Nektanebos I. verband einst Luxor- und Karnak-Tempel mit einer 3 km langen Sphingen-Allee.

Tgl. 7–22 (Sommer), 7–21 Uhr (Winter); Eintritt 45 LE

Memnon-Kolosse → S. 43, e 4

Knapp 18 m hoch sind die beiden Sitzfiguren des Amenophis III., die einst den Eingang seines Totentempels bewachten. Beide Kolosse sind aus Sandstein, der die Namensgraffiti vieler Besucher der Antike aufweist, unter anderem auch von Kaiser Hadrian. Die Kolosse waren bereits damals berühmt, weil sie angeblich »sangen«, sobald die Sonne auf sie schien. Damals unergründlich, heute erklärbar: Der Temperaturunterschied brachte den Sandstein der Statuen an einer Rissstelle zum »Singen«. Jüngst entdeckten ägyptische und deutsche Archäologen eine dritte Statue. Etwa 50 m von den beiden Memnon-Kolossen entfernt lag der Gigant im schwarzen Schlamm.

Ramesseum → S. 43, e 3

Dem Reichsgott Amun war der **Totentempel Ramses' II.** geweiht, seinerzeit eines der bedeutendsten Bauwerke Thebens, heute jedoch nur noch als Ruine erhalten. Vor der Nordwestmauer sieht man noch die Überreste einer einst riesigen Ramses-Statue aus Rosengranit, deren Zeigefinger alleine über 1 m misst.

Theben-West; Eintritt 20 LE

Tal der Könige → S. 43, de 1/2

Das berühmteste Gräberfeld Ägyptens liegt auf der Westseite des Nils in einer Bergkette. Die insgesamt 63 Gräber, Ausgangspunkt der Toten für die Reise ins Jenseits, waren mit Schmuck, Gold und handwerklichen Kostbarkeiten gefüllt. An den Wänden finden sich Instruktionen für das Totenreich sowie Abbildungen der Geister und Götter der Unterwelt. 3

Die Stollengräber lösten die Pyramiden als letzte Ruhestätte ab, da sie sich als nicht sehr sicher erwiesen hatten. Auf eine Stele in seinem Grab ließ ein Pharao später verzweifelt seinen größten Wunsch für das Jenseits einmeißeln: »niemanden sehen und niemanden hören«. Hier also sollte Grabräubern, wenn es schon bei den

Das Grab des Tut-anch-Amun ist trotz des Besucherandrangs (noch) sehr gut erhalten.

Pyramiden nicht gelang, das Stören der Totenruhe unmöglich gemacht werden. Es gab Irrwege, geheime Kammern, Falltüren- und -blöcke. Die Stollen reichen bis zu 200 m weit und über 100 m tief in den zerklüfteten Kalkstein des Bergmassivs.

Doch schon bald mussten Könige umgebettet werden. Dass viele Relikte erhalten blieben, verdankt man dem Pharao Pinodjem. Er ordnete an, Schätze und Mumien aus den Gräbern an einem geheimen Ort zu verstecken. Zwar wurde auch diese berühmte Cachette neben dem Hatschepsut-Tempel geplündert, zum Glück erst im 19. Jh. Viele Diebesstücke daraus konnten geborgen oder wieder ausfindig gemacht werden.

Nur etwa ein Drittel der Gräber ist zur Besichtigung freigegeben. Regelmäßig werden nach dem Rotationsprinzip unangekündigt einzelne Gräber geschlossen, um sie zu restaurie-

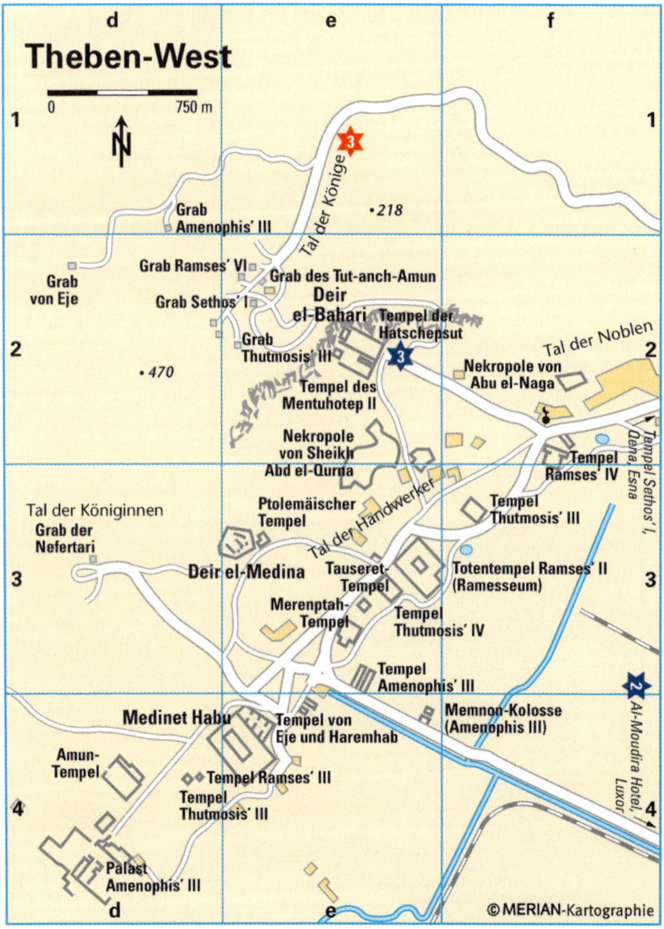

ren. Die Feuchtigkeit durch die Ausdünstungen der Besucher greift die Malerei an und zersetzt die Farben. Zu den kleinsten, aber faszinierendsten Relikten gehört das im Jahr 1922 von Howard Carter entdeckte Grab Tut-anch-Amuns. Sehen sollte man, wenn zugänglich:

Grab 9, Ramses VI.: meisterlich die Decke, ein astronomisches Himmelszelt.

Grab 17, Sethos I.: aufregender noch als Tut-anch-Amuns Grab. An den Wänden Totenrituale, Hymnen an den Gott (1. Korridor), Sonnengott Re in 75 verschiedenen Darstellungen (2. Korridor), Sethos mit den Göttern (3. Korridor), Fahrt der Sonne in das Reich der Toten (Grabkammer); den Fallschacht beachten! Er sollte Grabräuber aufhalten.

Grab 62, Tut-anch-Amun: Nirgendwo wurden bislang größere Schätze gefunden als im Grab dieses vergleichsweise unbedeutenden Pharao. Von den vier vergoldeten Holzschreinen befindet sich allein der äußere hier im Grab mit der Mumie des Pharao. Die Wände verweisen auf Riten des Totenkults (Mundöffnung, Götteropfer, Beisetzung).

Theben-West

MERIAN-Tipp

3 Zu Fuß zu Hatschepsut

Wer nicht zu spät dran ist, kann am Vormittag vom Tal der Könige über einen Bergpfad hinüber zum Hatschepsut-Tempel gehen (oder in umgekehrter Richtung). Die Anstrengung wird belohnt mit einem tollen Blick über Tempel und Niltal.

Tal der Königinnen S. 43, d 3

Etwa 1,5 km südwestlich des Tals der Könige liegt das Tal der Königinnen, der »Ort der Schönheit«, wie diese über 70 Gräber einst hießen. Die meisten sind inzwischen leider verfallen, bis auf das Grab der Nefertari. Keine der Grabstätten ist so gut erhalten wie diese, die der große Ramses II. für seine Lieblingsfrau Nefertari (»Die Schönste der Schönen«) schaffen ließ. Es ist zeitweise über Monate hinweg geschlossen. Man erkundige sich vor Ort nach den Öffnungszeiten.

Im Alter von 16 Jahren, schwärmte Ramses, »besorgte mir mein Vater einen königlichen Harem der Schönheiten, vergleichbar mit dem seines Palasts«. Im Harem nahm Prinzregent

Der Totentempel der Hatschepsut in Deir el-Bahari entstand in 15-jähriger Bauzeit.

Ramses Nefertari zur Hauptfrau. Als Ramses 1260 v. Chr. das 30. Jahr seiner Regentschaft feierte, war Nefertari bereits gestorben. Für sie schuf der Pharao das schönste Grab Ägyptens. Nahezu 3300 Jahre lang betrat niemand das Grab, außer einigen Plünderern und, nach der Entdeckung 1904, Scharen staunender Archäologen.

Die Stellung Nefertaris im ägyptischen Reich und im Herzen Ramses' muss außerordentlich gewesen sein. Nefertari begleitete ihren Gemahl bei allen religiösen Prozessionen und fungierte auch als politische Beraterin. Ramses bestand sogar darauf – was höchst ungewöhnlich für einen gottgleichen Pharao war –, dass sie gemeinsam mit ihm auf den Tempelreliefs abgebildet wurde. Von den meisten Königinnen weiß man heute nicht einmal mehr die Namen.

Um die Malereien zu schonen, war zuletzt die Zahl der täglichen Grabbesucher (es lebe der Schwarzmarkt) auf 150 reglementiert worden, und man durfte maximal zehn Minuten in der Anlage verweilen – wobei obendrein 150 LE zu entrichten waren.

Tempel der Hatschepsut

→ S. 43, e 2

Als Terrassentempel wurde diese prächtige Anlage in einen Felsen hineingebaut. Der Tempel stammt aus dem 15. Jh. v. Chr. und wurde von Hatschepsut zu Ehren mehrerer Gottheiten erbaut. Sehenswert sind insbesondere die Reliefs am Portikus, die allerdings zum Teil in recht bedauerlichem Zustand sind. Bemerkenswert: Die Achse dieses und des Tempels von Karnak auf der anderen Nilseite verläuft in exakt der gleichen Linie, mit nur minimaler Abweichung.

Über das Schicksal von Hatschepsut, einer der ganz wenigen Pharaoninnen, ist nicht allzu viel bekannt. Hatschepsut heiratete nach dem Tod ihres Vaters Thutmosis I. zur Sicherung der Macht ihren Halbbruder Thutmosis II. Doch der starb früh und hinterließ als Nachfolger einzig Thutmosis III., den Sohn einer Nebenfrau. Um die Herrschaft zu übernehmen, war Thutmosis III. zu jung.

22 Jahre übernahm Hatschepsut das Amt. Ihren gerechten Anspruch auf die Würde der Pharaonin ließ sie in vielen Reliefs mit Verweis auf ihre göttliche Abstammung dokumentieren. Hatschepsut bescherte Ägypten eine kulturelle Hochzeit ohne Kriege. Wie die Pharaonin endete, ist ungewiss. Möglicherweise wurde sie von Stiefsohn Thutmosis III. aus dem Weg geräumt. Er, Thutmosis III., ließ jedenfalls den Namen der Stiefmutter tilgen und durch seinen eigenen überschreiben, womit er nach dem pharaonischen Glauben auch die Person im Jenseits ausgelöscht hatte.

Theben-West; Eintritt 40 LE

Museen

Luxor-Museum → S. 41, b 4

Etwa 130 Exponate aus Luxor und Umgebung zeigt das Museum an der Nilpromenade. Zu sehen sind u. a. Kalksteinreliefs, Stelen, Figuren und Illustrationen. Ganz besonders hervorzuheben sind die jüngeren Funde aus dem Tempel von Luxor. 4

MERIAN-Tipp

4 Mumien-Museum

Hier gibt es nur eine einzige menschliche Mumie. Alle anderen Exponate sind Tiere: Katzen, die Bastet darstellen, die Göttin der Freude, Fische, die den Gott der Wiedergeburt symbolisieren. Aus Kom Ombo stammt das Krokodil, das heilige Tier des Sobek. Zu sehen sind auch die Werkzeuge (Haken, Meißel, Skalpelle, Spatel, Pinzetten), mit deren Hilfe die Mumifizierer einst die Einbalsamierung der Leichname bewerkstelligten.

Tgl. 9–13 und 17–22 (Sommer) bzw. 16–21 Uhr (Winter); Eintritt 35 LE

→ S. 41, südl. b 6

Farbenspiele der besonderen Art bietet ein Streifzug durch Luxors Gewürzbasar.

Gleich am Eingang erwartet einen der kolossale Kopf Amenophis III. aus rotem Granit, einst Teil einer Statue. Zu den schönsten Exponaten zählen: die kolossale Granitbüste König Sesostris III., die den König mit ungewöhnlich menschlichen, nicht gottgleichen Zügen darstellt. Sehr schön ist auch die Quarzit-Sitzstatue Amenophis' III. mit dem Krokodilgott Sobek; Ramses II. tilgte den Namen Amenophis' und ließ seinen eigenen einmeißeln.

Das Obergeschoss beherbergt Beerdigungsbarken Tut-anch-Amuns in detailgetreuen Modellen. Aus dem Amun-Tempel von Karnak stammt das faszinierende Relief mit Musikanten und Akrobaten, die zu einer religiösen Festivität ihre Künste darbieten.

Die »Neue Halle« des Museums widmet sich ausschließlich den Funden aus der 1989 entdeckten Luxor-Cachette. Wunderbare Exponate: die Kobra-Statue, die Figur Amenophis' III. und die Sitzstatue Amuns und Muts.
Tgl. 9–13 und 17–22 (Sommer) bzw. 9–13 und 16–21 Uhr (Winter); Eintritt 55 LE

Essen und Trinken

Orientalische ebenso wie europäische Küche der Spitzenklasse servieren alle internationalen Hotels in Luxor, sowohl à la carte als auch als Menü – und meist vom Büfett. Pro Person muss man sowohl für das Mittag- als auch das Abendessen ohne Getränke mit jeweils ca. 30 bis 45 LE rechnen. Um einiges günstiger sind dagegen die Restaurants im Ort; hier einige Tipps:

1886 ···> S. 41, südl. b 6
Französisch angehauchte Küche im Hotel Winter Palace. Kerzenlicht, ein Klavierspieler – wunderbar. 5
Corniche el-Nil; Tel. 2 38 04 22; unbedingt reservieren! ●●●● CREDIT

Miyako ···> S. 41, südl. b 6
Im bislang einzigen Japaner in Oberägypten werden an Teppan-Yaki-Tischen die Gerichte vor den Augen der Gäste zubereitet. Die Küche ist exzellent. Während der Happy Hour (tgl. 17–19 Uhr) gibt es 30 % Discount auf Speisen und Getränke. Sushi-Bar.
Sonesta St. George Hotel, Corniche el-Nil; Tel. 2 38 25-75, -76, -77, -78 ●●●● AmEx DINERS VISA

Fellah's Tent ···> S. 41, südl. b 6
Immer dienstags kommt man per Feluke zum Dinner in das orientalische Zelt des Mövenpick Jolie Ville.
Crocodile Island; Tel. 2 37 48 55 ●●●

Green Palace ···> S. 41, ab 1
Ägyptische Standardgerichte, libanesische Vorspeisen, Fischstäbchen oder Steak und Pizza – alles hervorragend zubereitet. Lassen Sie sich nicht vom schmucklosen Neubau abschrecken! Besonders lohnt das Dinnerbuffet.
Karnak Temple St.; Tel. 2 37 35 94 ●●

Tut-anch-Amun ···> S. 41, südl. b 6
Täglich Gemüse- und Fleischgerichte, erstklassig die Süßspeise »Om Ali«.
Corniche el-Nil ●

Restaurants auf dem Nil
Mehrere Schiffe steuern den Tempel von Dendera an. Wunderbar für eine Schnupperkreuzfahrt geeignet:

Le Lotus Restaurant (Novotel)
⇢ S. 41, südl. b 6
Neben dem empfehlenswerten Restaurant gibt's auch eine sehr beliebte Disco an Bord.
Corniche el-Nil; Tel. 2 38 09 23 ●●●● CREDIT

Luxor Sheraton Nile Cruiser
⇢ S. 41, südl. b 6
Corniche el-Nil; Tel. 2 37 45 44 ●●●● CREDIT

Einkaufen

Der **Souk**, das Marktviertel und Geschäftszentrum, befindet sich nahe dem Bahnhof: ein Sammelsurium von Läden, die von der Sudan-Zwiebel bis zur Galabaya alles verkaufen.

Am Abend

Der Abend beginnt, wie fast überall im Land, mit einem ausgiebigen Bummel durch das Geschäftszentrum, den Souk. Discos und Bars findet man einzig in den großen Hotels. Singles, sofern es sich nicht um Hotelgäste handelt, werden häufig abgewiesen; ebenso ergeht es Jeansträgern.

Luxor Hilton Casino ⇢ S. 41, südl. b 6
Das einzige Casino in Oberägypten. Roulette, Black Jack, einarmige Banditen. Einlass tgl. 20–3 Uhr; nur für Ausländer, Pass mitbringen!
New Karnak; Tel. 2 37 49 33

Murphy's Irish Pub ⇢ S. 41, südl. b 6
Schönes Pub.
Gawazat St.; Tel. 2 38 81 01

Pub 2000 ⇢ S. 41, südl. b 6
Meist ganz gut besucht, Happy Hour.
Khaled Ibn Walid St.; Tel. 2 37 00 76

St. Joseph Bar ⇢ S. 41, südl. b 6
Zur Happy Hour (22–23 Uhr) herrscht reges Treiben.
St. Joseph Hotel; Tel. 2 38 17 07

The King's Head Pub
⇢ S. 41, südl. b 6
Die meisten Gäste sind Briten und Holländer, Deutsche kommen eher selten hierher, trotz Löwenbräu-Biers und trotz der fünf deutschen Fernsehkanäle. Der Wirt hat sich darauf eingestellt: Jeden Sonntagmittag gibt es ein Roastbeef & Yorkshire Pudding Special, ansonsten Burger, Pommes, indische Küche, knapp 30 verschiedene Cocktails sowie Billardtische und an den Wänden Dart-Scheiben.
Sh. Khaled Ibn el-Waled; Tel. 2 37 12 49; rund um die Uhr geöffnet

Tutotel Disco ⇢ S. 41, südl. b 6
Eine der ganz wenigen Diskotheken Luxors, die sich nicht in einem der Fünf-Sterne-Hotels befindet.
Sh. Salah ed-Din, unweit des Hotels Novotel; Tel. 2 37 79 90

Service

Auskunft ⇢ S. 41, südl. b 6
Der Touristen-Basar beherbergt auch die Tourist Information.
Corniche el-Nil; Tel. 2 38 20 18

Buchhandlung
Aboudi Book Shop ⇢ S. 41, südl. b 6
Im Touristen-Basar, nördlich des Sofitel Winter Palace Hotel gelegen, gibt es in diesem Book Shop zahlreiche Bücher in deutscher, englischer und französischer Sprache.
Corniche; Tel. 2 37 33 90; tgl. 9–22 Uhr, Fr Mittag geschl.

Kirche zur Heiligen Familie
Gottesdienst in italienischer Sprache.
Sh. Karnak Temple; So 9 und 18 Uhr

Polizei ⇢ S. 41, b 1
Tel. 2 38 20 06

Touristenpolizei ⇢ S. 41, südl. b 6
Tel. 2 37 38 45, 2 37 21 20

Verkehrsverbindungen
Mit Flugzeug, Bus, Bahn und Sammeltaxi erreicht man alle Landesteile.

Nördlich von Theben

Einen Abstecher zu den Denkmälern von Abydos und Dendera sollte man keinesfalls verpassen.

Der Tempel von Dendera war der Himmels- und Liebesgöttin Hathor geweiht. Zum Neujahrsfest wurde ihre Statue in einer feierlichen Zeremonie auf das Dach gebracht.

Als Nilkreuzfahrten noch in Ägyptens hohem Norden von Alexandria oder Kairo aus starteten und in der guten alten Zeit eher Wochen als Tage dauerten, da waren Stopps in Dendera und Abydos ein fester Reisebestandteil. Seit sich die Nilschifferei weitgehend auf die Königsmeilen des Flusses beschränkt, muss man diese Sehenswürdigkeiten von Luxor aus mit Bus oder Taxi erkunden. Die Fahrt erfolgt nach geltenden Sicherheitsbestimmungen zwingend im Polizeikonvoi (Infos und Abfahrtszeiten bei der Hotelrezeption erfragen).

Etwas abgelegen von der verkehrsreichen Nilstraße erreicht man im Rahmen eines Tagesausfluges 70 km nördlich von Luxor Dendera.

Dendera

→ S. 60, C 3

Der Tempel von Dendera, erbaut zur Verehrung Hathors, Horus' und ihres Sohnes Ihi, Gott der Musik, machte den Platz zu Recht berühmt. Die moderne Stadt **Qena** – »Iunet« und »Tantere« hieß ihr antiker Vorläufer – liegt heute auf der anderen, östlichen Nilseite. Am Wüstenrand, mit Palmensaum noch auf dem fruchtbaren Nilstreifen gelegen, ist Dendera ein wundervolles Zeugnis ptolemäischer und römischer Baukunst mit erstklassig erhaltenen Reliefs, Inschriften, Malereien.

Mitten im Tempelbezirk liegt in Ruinen eine der frühesten koptischen Kirchen aus dem 5. Jh., platziert zwischen Hathor-Tempel und dem Geburtshaus, dem Mammisi. Zu sehen sind auch über ein Dutzend Krypten (Taschenlampe nötig!) und detaillierte Wandbilder zum Neujahrsfest.

Hathor-Tempel

In Grundriss und Ausführung ist der Tempel klassisch ägyptisch und war von einer 35 x 59 m langen, 12,5 m hohen Mauer umgeben. Erst in römischer Zeit wurde dem Heiligtum eine **Vorhalle** als Eingangssaal hinzugefügt. Beiderseits des Eingangstores tragen insgesamt sechs Säulen die Decke. Die ausgefallenen Kapitelle der Säulen zeigen nach allen vier Seiten das vielfach von christlichen Bilderstürmern beschädigte Gesicht der Göttin Hathor, deutlich erkennbar an ihren Kuhohren.

Vom **Opferraum** führt eine Treppe auf das Dach (gute Aussicht!). Hathor, von den Griechen der Aphrodite gleich gesetzt, berührte hier die Sonnenscheibe und verband sich mit den Strahlen ihres Vaters Re.

Viele der **Malereien** im Tempel sind Auftragsarbeiten Kleopatras und der Kaiser Augustus, Claudius und Nero, die sich damit der göttlichen Gunst versichern wollten. Eine alljährliche Prozession zu Ehren der Hathor führte nilaufwärts nach Edfu, wo die Göttin dann Horus traf.

Die römischen Geburtshäuser, **Mammisi** genannt und beide in Grundriss und Dekor unterschiedlich ausgeführt (rechter Hand vom Eingang der Tempelanlage), dienten Zeremonien bei der Geburt eines göttlichen Kindes. Man muss sich diese Feste als gleichermaßen rituelles wie religiöses Schauspiel vorstellen. Die Säulen, die den ersten Tempel umliefen, tragen Kapitelle mit einem Blütenkranz. Die Blöcke darüber stellen Bes dar, den ein wenig buddhahaften Gott der Gebärenden. Die beiden Geburtshäuser wurden erbaut von den Kaisern Trajan und Nektanebos I. (4. Jh. v. Chr.).

Krypten

Feinste Arbeit, wie sie kein anderer Tempel Ägyptens bietet, stellen die 14 Krypten dar, von denen elf ausgeschmückt waren. Zugang hatte man einst durch antike Schiebetüren, bewegbare Steinblöcke. In den Krypten wurden Kultgegenstände, Insignien, Embleme für Prozessionen und Archive aufbewahrt – kurz alles, was dem Schutz des Tempels und der Verehrung der Göttin diente. Wichtigster Gegenstand: die Statue des Bas, der

Seelenkraft der Göttin Hathor. Zu Prozessionen, etwa anlässlich des Neujahrsfestes, wurde der Bas aus seinem Versteck für eine Nacht aufs Dach des Tempels gebracht, um sich dort am Morgen mit der aufgehenden Sonne symbolisch zu vereinen.
Eintritt 35 LE

Abydos

→ S. 60, B 3

Etwa 150 km nilabwärts von Luxor, 80 km nördlich von Dendera, liegt auf der Westbank Abydos – zur Zeit der 5. Dynastie (ca. 2700 v. Chr.) eine Art Zentralfriedhof Ägyptens, rund 1200 Jahre älter als Dendera, Ruhestätte schon für die ersten Pharaonen. Ihre Gräber wurden unübersehbar vielfaches Ziel von Grabräubern und Brandschatzungen. Überraschend war daher 1977 der Fund eines Elfenbeintäfelchens mit dem Namen von König Nar.

Im Areal von Abydos' vermutete man im frühen Volksglauben den Gott des Totenreiches Chontamenti. Hier fand das religiöse Jahr in Wallfahrten und Mysterienspielen seinen Höhepunkt. Der Totengott Osiris, so hieß es schon lange vor Sethos I. und Ramses II. unter den ersten Pharaonen-Dynastien, habe seine Heimat in Abydos. Wer hier begraben sei, dem sei die Auferstehung gewiss. Selbst in Form von Scheingräbern suchte man die Nähe zum Herrn des Totenreiches. War auch das nicht möglich, versuchten religiöse Ägypter wenigstens mit einer Statue dem Grabe Osiris' nahe zu sein.

Die großen Kulttempel errichteten Sethos I. und Ramses II., deren Baueifer Karnak und Abu Simbel prägte. Hier wurde auch die bisher einzige Statue (aus Elfenbein) von Cheops gefunden, zu sehen im Ägyptischen Nationalmuseum in Kairo (→ S. 100).

Totentempel von Sethos I.

Der 1859 entdeckte Totentempel von Sethos I. gehört zum Großartigsten, was die ägyptische Baukunst hervorgebracht hat. Zwölf Höfe liegen vor dem Allerheiligsten, das nicht wie sonst üblich aus nur einer, sondern aus sieben Kapellen für Osiris, Isis, Amun-Re und andere Götter besteht. An den Wänden: Kultbilder der Götter; an der westlichen Wand die Triade von Osiris, Isis, Horus.

Wie in Theben konnte Sethos I. den Bau seines Kalk- und Sandstein-Tempels nicht selbst fertig stellen. Sein Sohn Ramses II. tat das für ihn. Eine Besonderheit sind die **Königslisten** von Abydos in der hinteren Götterkapelle des Ptah-Saales. Im Gang der Königsgalerie nimmt Sethos die Huldigung von 76 seiner pharaonischen Vorgänger entgegen – alle namentlich und chronologisch aufgeführt, angefangen von den Zeiten des legendären König Menes I., dessen tatsächliche Existenz unsicher ist und der lange als erster Pharao galt.

Einige der Namen wurden aus der Königsliste zu tilgen versucht, darunter die von Hatschepsut, Echnaton und Tut-anch-Amun. Trotz dieser Manipulationen und einiger Ungenauigkeiten trug die Abydos-Liste entscheidend zur Erstellung einer Dynastienreihe bei, die mit Abweichungen bis heute gilt. Wozu aber die erwähnte Tilgung von Namen? Meist versuchten Feinde des Pharao posthum, die Existenz im Totenreich unmöglich zu machen. Denn mit dem Auslöschen des Namens endete nach dem Glauben auch das jenseitige Leben. Andere Pharaonen trachteten danach, mit der Löschung eines fremden und der Einsetzung ihres eigenen Namens ihr Wirken als Baumeister zumindest für die Nachwelt zu vergrößern.

Eine Kostbarkeit ist außerhalb des L-förmig angelegten Sethos-Tempels das 1903 entdeckte **Osireion**, ein Scheingrab, dessen Reliefs in ihrer Ausdrucksstärke als Glanzstücke der ägyptischen Kunst gelten. Seinen 30 x 20 m großen Pfeilersaal umlief ein Wassergraben, wodurch das Innere entsprechend dem Schöpfungsmythos inselgleich Urmeer und Urhügel symbolisierte. Die Schöpfungsgeschichte ist auch eines der Themen der Decken- und Wandmalereien mit Darstellungen des Kosmos und des Luftgottes Shu.

Ramses-II.-Tempel
Nur mehr bis zu einer Höhe von 2 m und ab dem ursprünglich zweiten Hof existiert der Tempel Ramses' II., der Osiris geweiht war. Was an Verzierung blieb, ist gut erhalten, und die Farben zeichnen sich kräftig von den Kalksteinwänden ab. Die wunderbaren Reliefs zeigen eine Prozession mit Soldaten, Trompetern und Tieren. Priester opfern einen Stier.

Die östlichen und die westlichen Wände tragen Kartuschen mit Darstellungen von südlichen und asiatischen Stämmen in Gefangenschaft. Die äußeren Wände im Norden und Westen berichten von der berühmten Schlacht von Kadesch, die Ramses II. gegen die Hethiter geführt hatte.

In Abydos' rund 1,5 qkm großer **Nekropole** hat sich in den vergangenen Jahrzehnten das Deutsche Archäologische Institut mit großartiger Arbeit hervorgetan. Der Fund eines unbekanntes Grabes, das als Beigabe für die Reise des Königs ins Totenreich hunderte Schalen, Töpfe und Krüge für kostbare Öle, Fette und Essenzen enthielt, erwies sich als archäologischer Volltreffer.

Viele dieser Gefäße trugen »Anhänger« aus Keramik, Knochen und Elfenbein, in die Zeichen eingeritzt waren: stilisierte Vögel, Hunde, Fische, Pflanzenornamente und kerbenartige Ritze, die an eine Strichliste erinnerten. Die Archäologen behandelten diese Zeichen probeweise wie eine Schrift, und tatsächlich fand sich in dem vermeintlichen Zeichenwirrwarr ein über 5000 Jahre altes System, Vorläufer der Hieroglyphen. Offenbar hatten es Beamte einzig für den Zweck der Inventarisierung erfunden, sie meißelten in stenografischer Kürze. Ein Baum und ein Falke bedeuten beispielsweise, dass die derart etikettierte Grabbeigabe aus der Plantage kam, die der König namens Falke gegründet hatte.

Abseits der Hauptstraßen nimmt der bäuerliche Alltag noch seinen seit Jahrhunderten feststehenden Lauf.

Die Verwandtschaft der Abydos-Hieroglyphen mit den jüngeren Hieroglyphen, die 1822 von dem Ägyptologen Jean François Champollion entziffert worden waren, ergab sich in der Folge. Wie bei den Abydos-Hieroglyphen blicken bei den späteren Hieroglyphen sämtliche Tierzeichen zum Anfang der Inschriften. Die Abydos-Hieroglyphen kannten auch schon einfache Lautzeichen für Dinge, die sich nicht so einfach zeichnerisch darstellen ließen. Und wie in der späteren Hieroglyphenschrift kannte man bereits phonetische Lesehilfen. Um etwa das Bildzeichen für Brot – ein Kreis in Laibform – leichter lesbar und unverwechselbar zu machen, schrieb man davor das Zeichen für »b«.

Eintritt 35 LE

Nilreise nostalgisch

Im Trend: Gemächlich und gediegen reisen – umgeben vom Flair der guten alten Zeit.

Die blonde, in Wahrheit sehr attraktive Dame, die sich viele fälschlicherweise wie Miss Marple vorstellen, saß in ihrer Suite im Old Cataract Hotel, blickte durch die offene Balkontür auf den Nil. Unten am Pier lag der Schaufelraddampfer »Karnak«. Assuan 1937: Agatha Christie, die »Queen of Crime«, arbeitet am »Tod auf dem Nil«, dem Krimi-Klassiker.

40 Jahre später: Für die Romanverfilmung diente die über 69 m lange »Karnak« 1977 als schwimmende Kulisse. Mehrfach renoviert, fährt die in »SS Sudan« umbenannte »Karnak« heute im regulären Touristeneinsatz auf dem Nil. Die Passagiere nächtigen dort, wo in der Verfilmung mit Peter Ustinov als Meisterdetektiv Hercule Poirot die Millionenerbin Linna Ridgeway im Schlaf erschossen wurde und sich die verdächtigen Mitreisenden eingebucht haben.

6

Die »Sudan« (900 BRT) ist eines von mehreren Nostalgie-Schiffen, die auf dem Nil unterwegs sind. Diwane und Teppiche, orientalisches Dekor, viel glänzendes Messing und braune Planken machen diese immer beliebter werdenden Boote unverwechselbar. Neben den großen Pötten wirkt die »Sudan« an der Anlegestelle wie ein etwas groß geratenes Beiboot. Doch die »Sudan«, einst Lustschiff des ägyptischen Königs, ist ohne Frage die Königin des Nils.

Wer auf der »Sudan« reist, der weiß den 1896 in Glasgow vom Stapel gelaufenen Schaufelraddampfer (23 Suiten, Mobiliar aus dem 19. Jh.) bald zu lieben, auch wenn – oder gerade weil – man unterwegs immer wieder von den großen Nildampfern überholt wird. Dafür genießt der Gast – ähnlich wie der Passagier der »SS Memnon« (24 Suiten) koloniales Reisegefühl: Platz und Bewegungsfreiheit in Kabinen und auf den Decks, Lunch und Dinner in gediegener Atmosphäre, keine Büffets. Den Appetit der »Sudan«-Motoren kann im Maschinenraum jeder Passagier beobachten, wenn die Bordtechniker regelmäßig literweise Ölinfusionen in die Kolben

der »dreiphasigen Dampfmaschine mit ihren zwei Caterpillar-Dieselgeneratoren« (Schiffsinfo) füllen.

Dahabeyas und Prunk-Feluken

Solches Tagwerk ist der Crew der Dahabeya »Dongola« eher fremd. Lautlos segelt der historische Zweimaster (35 m lang, 5,5 m breit, Hauptmast 13 m) Richtung Assuan. Der Steuermann lenkt über einen Flaschenzug das Ruder. Mit Dahabeyas begann Anfang des 19. Jh. der Kreuzfahrt-Tourismus auf dem Nil. Das Ende dieser Boote kam mit Einführung der Dampfschiffe 1869. Von den damals rund 300 Dahabeyas blieben nur wenige Exemplare übrig – eines davon ist die »Dongola«, benannt nach der nubischen Stadt im Nordsudan.

Das Wort Dahabeya bedeutet »goldenes Boot«, weil reiche Sultane und Paschas ihre Prunk-Feluken gerne mit Gold bemalten. Die Wendigkeit der »Dongola« erlaubt Schiffseigentümer Mohamed El Saidi, der oft an Bord ist, nicht nur bei den üblichen pharaonischen Monumenten anzulegen, sondern auch für die Besichtigung eines ganz normalen, vom Tourismus unberührten Dorfes zu ankern. Oder fürs Dinner zum Grillen eine Nilinsel anzulaufen. Auch sonst wegen ihrer Unzugänglichkeit links liegen gelassene Sehenswürdigkeiten erreicht man mit den Dahabeyas. Da entdeckt man dann etwa nahe der Nilenge von Silsila hinter der Felsenkapelle des Pharao Horemheb (14. Jh. v. Chr.) kolossale Steinbrüche.

Auf der »Dongola« (fünf Kabinen für maximal zehn Gäste) reist man mit Kissenlandschaften auf dem Sonnendeck wie einst Sultan Hussein, dem das Schiff im 19. Jh. gehörte. Der Salon ist Treffpunkt, im Winter Speisesaal. Die »Dongola« verkehrt nur zwischen Esna und Assuan. Weitere buchbare Dahabeyas sind die »Cinderella«, die »Anas El Wogoud« und die »Nefro«.

Zu den extravaganteren Vergnügen gehört auch die Fahrt für zwei Personen, meist Flitterwöchner und Kleingruppen bis sechs Personen, auf dem Segler »Royal Cleopatra«.

SS Sudan

www.setifirst.com; Buchung über www.globe-tours.de oder www.vdm.com

Dahabeyas

Dongola (auch: www.orientaltours.de), Cinderella, Anas El Wogoud, Nefro www.springtours.com/dahabia.htm

Royal Cleopatra

Nubian Nile Cruises, www.nubiannilecruises.com

Auf der »SS Sudan« reisten schon Könige, und Agatha Christies Krimi »Tod auf dem Nil« wurde hier 1977 verfilmt.

Von Luxor nilaufwärts

Ab in den Süden! Ihr schwimmendes Hotel bringt Sie zu den Tempeln von Esna, Edfu und Kom Ombo.

Selten ist Esnas Anlegestelle so leer. Meist liegen hier Dutzende Boote nebeneinander vertäut, und die Schleuse von Esna wird bisweilen zum Nadelöhr.

Schiff Ahoi! Sie sind an Bord, haben das erste vieler atemberaubender bis wahnwitziger Ablegemanöver hinter sich. Auf rund 240 km erwartet Sie die klassische Nilreise, die großartigen Tempel von Esna, Edfu und Kom Ombo stehen auf dem Programm.

Esna

→ S. 60, C 4

Als der junge Gustave Flaubert Mitte des 19. Jh. Ägypten erkundete, lernte er in Esna die dorthin verbannte Tänzerin und Edelkurtisane Ruchiouk-Hanem kennen, Er war betört von ihrem ungestümen Tanz, dem rassig gebogenen Körper und von Stund' an glühender Ägypten-Fan. Im heutigen Esna, einem ländlichen Ort mit rund 40 000 Einwohnern, gibt es wohl keine Ruchiouks mehr, nur mehr großartige Monumente verlocken.

Esna war einst einer der wichtigeren Orte Oberägyptens. Es war Anlauf- und Nilanlegestelle für die aus Zentralafrika durch den Sudan kommenden Karawanen. Da hieß der Ort »Ta-Sent«, wodurch über das koptische »Sne« das arabische »Isna« entstand. Die Griechen nannten die Gegend »Latopolis«, nach einem Nilfisch, dem *Latus Niloticus*. Seine Gestalt soll die Göttin Neith bei ihrem Abstieg zur Erde angenommen haben. Noch zu Zeiten des griechischen Geografen Strabo (63 v. Chr.–28 n. Chr.) wurden in und um Esna Fische verehrt, mumifiziert und begraben. In der nahen Wüste fand man entsprechend präparierte Fische. Esnas große Sehenswürdigkeit liegt mitten im Ort.

Tempel des Chnum

Dem widderköpfigen Chnum, Schöpfer der Welt, des Menschen und der Tiere, widmeten um 1500 v. Chr. Pharaonen der 18. Dynastie diesen Tempel. Die Verehrung galt aber auch Chnums Frauen Nebtu und Menhit. Vom ursprünglichen Tempel ist heute nur mehr die Vorhalle des Allerheiligsten erhalten, 181 v. Chr. von Ptolemäus VI. von Grund auf erneuert. An der Westwand findet sich noch seine Kartusche. Die Hieroglyphen wurden letztmals im 3. Jh. in diesem ptolemäisch-römischen Tempel verwendet.

Das **Allerheiligste**, ein Säulensaal, ist ein Werk der römischen Kaiser Claudius und Vespasian. Ursprünglich gruppierten sich um diesen Saal Kammern, Magazine und Korridore. Dass überhaupt noch so viel erhalten ist, wie man heute sieht, ist auch dem glücklichen Umstand zu verdanken, dass der Chnum-Tempel später als Lagerhalle für Baumwolle und im 19. Jh. als Pulvermagazin gebraucht wurde. Dafür wurde er gepflegt und vor allem trocken gehalten.

Steile Stufen führen hinunter zu dem Tempel, der durch die natürliche Bodenabsenkung von 9 m im Inneren dunkler wirkt als ursprünglich geplant. Die Fassade, 17 m hoch, trägt am Sims die geflügelte Sonne und die Namen Claudius' und Vespasians, die hier gepriesen werden als Herren der Hauptstadt Rom.

Wundervoll sind die Säulen, reich verziert mit floralen Motiven. Die Texte sind Hymnen an Göttin Neith und an Chnum: »Oh, Gott, Chnum, Du Sonne und Mond, Atem des Lebens …«

Die Decke der Halle wird von 24 11,5 m hohen Säulen, jede 6 m im Umfang, getragen. Die Inschriften an den Säulen geben Gedichte und Hymnen auch an lokale Götter wieder. Die Säulenkapitelle, die Köpfe der Säulen, wurden in Form von Trauben, Blüten, Knospen und Blumen gestaltet. Die Decke zeigt neben astronomischen Darstellungen und Geiern auch die Kaiser aus Rom, die sich als Eroberer des Landes in Pharaonenornat zu den Göttern gesellen. In den Inschriften und Zeichnungen der Wände verewigten sich u. a. die römischen Kaiser Claudius, Nero, Vespasian, Trajan, Hadrian, Marcus Aurelius und Decius. Sie opfern bekannten und unbekannten Göttern von Esna.

Die südlichen und nördlichen Außenwände zeigen in Pharaonentracht u. a. die römischen Kaiser Trajan, Hadrian und Caracalla mit den Hauptgöttern des Tempels, Chnum und seinen Frauen Nebtu und Menhit. Chnum reicht zum Sieg über die Feinde das Schwert. Der Besucher steht hier vor einer Flut an Darstellungen. Auf der westlichen Außenwand ist u. a. Kleopatra I. dargestellt.

Ein anderer Tempel der Ptolemäerzeit existierte bis ins 19. Jh. westlich von Esna. Die im Tross von Napoleon mitreisenden Gelehrten beschrieben ihn als den »Tempel von Esna«. Er verfiel unrettbar.

Tgl. 6–17/18 Uhr; Eintritt 25 LE

Edfu

→ S. 60, C 4

35 000 Einwohner
Vorwahl: 0 95

Edfu liegt auf etwa halbem Weg zwischen Luxor und Assuan am Westufer des Nils. Es hieß in der Antike »Ddu« und »Edbu«. Aus der koptischen Form »Atbo« leitet sich der heutige Name ab. Wichtige Wirtschaftsfaktoren sind in der modernen Stadt neben dem Tourismus der Anbau von Zuckerrohr und dessen Verarbeitung, in geringerem Maße auch das Töpfereigewerbe.

Der Horus-Tempel aus dem 3. Jh. v. Chr. Ist einer der besterhaltenen Tempel Ägyptens und ein Höhepunkt jeder Nilkreuzfahrt. Edfus Stadtgott hieß Hor(us)-Behdet und wurde häufig mit dem Isis-Sohn Horus gleich gesetzt. Dem Glauben nach nahm er Hathor, die Göttin aus Dendera, zur Frau. Die beiden und Hathors Sohn Harsomtos/Horema-Tawi bildeten die Triade von Edfu.

Mit Hor-Behdet ist eine große Legende der ägyptischen Mythologie verbunden. Im Auftrag und mit dem Segen des Gottes Re-Harachte vernichtete er in vielen Schlachten die Rebellen und die Anhänger des Gottes Seth, die aber in Gestalt von Krokodilen und Nilpferden wieder auflebten, bis Hor-Behdet sie nach Nubien vertrieb.

In Edfu wandelt man vermutlich auf Schritt und Tritt auf pharaonischen Monumenten. Archäologen fürchten, dass das neue Edfu über etlichen Tempeln entstanden ist. Als der Archäologe Auguste Mariette 1860 den heute zu besichtigenden Horus-Tempel fand, standen auf dem Tempelgelände Wohnungen und Lagerräume. In den Innenräumen stapelte sich Müll bis zur Decke, wurden Ziegen und Hühner gehalten.

Horus-Tempel

König Djosers Baumeister, der spätere Gott Imhotep, errichtete vermutlich den ersten Tempel von Edfu. Auch Sethos I. und andere Pharaonen der baufreudigen 18. und 19. Dynastie versuchten sich an einem Edfu-Tempel. Das verraten Kartuschen nahe dem Eingangspylon des Horus-Tempels, den eine nur mehr teilweise erhaltene Ziegelmauer umgeben hatte.

Den Ptolemäern aber war dieser Tempel nicht prächtig und praktisch genug. Sie hatten zum Beginn ihrer Herrschaft Ägypten in Provinzen und Gaue unterteilt. Edfu wurde Hauptstadt von Apollonopolis Magna (dem hier verehrten Horus entsprach der griechische Gott Apollo).

Die Gau-Hauptstadt brauchte nun einen gotteswürdigen Tempel. So begann Ptolemäus III. 237 v. Chr. mit dem Tempelneubau, über 180 Jahre sollten die Arbeiten dauern. Die Ptolemäer konnten den Tempel schließlich nur 27 Jahre nutzen: 30 v. Chr. löste der römische Kaiser Augustus die Griechenherrschaft ab und erbte den bis heute am besten erhaltenen Tempel Ägyptens. In christlicher Zeit wurden viele Reliefs von Einsiedlern und ersten Mönchen als Götzenwerk zerstört bzw. übermalt.

Mächtig erhebt sich der 64 m breite und 36 m hohe **Große Pylon**. Zwei kolossale Granitfalken vor dem

Der gut erhaltene Große Pylon des Horus-Tempels in Edfu hat eine Breite von 68 Metern.

Pylon repräsentieren den Gott Horus. Reliefs auf der Vorderseite zeigen Horus, der König Neos Dionysos beim Töten der Feinde beobachtet. Andere Könige opfern den Göttern Horus und Hathor, ein sich ständig wiederholendes Motiv in Edfu.

Der in den **Vorhof** führende Gang war ursprünglich von einer Tür aus Zedernholz versperrt, die mit Gold- und Silbereinlegearbeiten reich verziert war. Den gepflasterten Vorhof mit dem Opferaltar in der Mitte säumen an drei Seiten Säulenhallen. Die Wände sind geschmückt mit Reliefs. Links vom Eingang zum folgenden **Vestibül**, der Erscheinungshalle, wacht ein schwarzer, unfreundlich-drohend dreinblickender Horusfalke.

Zum Säulensaal führt ein Durchgang, über dem eine Sonnenbarke dargestellt ist, die vom Pharao und den Göttern verehrt wird. In diesem Saal kann man sehen, was bei vielen anderen Tempeln unter freiem Himmel nur schwer vorstellbar und nachempfindbar ist: das durch Luken eindringende gedämpfte Licht, das jedem heiligen Bezirk seine mystische Atmosphäre gab. Zwölf Säulen mit Blüten- und Palmenkapitellen tragen das Dach des Saals, auf dem sich – wie an den Wänden – Relief an Relief reiht: Horus und Hathor und opfernde Könige.

Durch zwei Vorsäle, genutzt für die täglichen Opferungen, betritt man das den Hohepriestern vorbehaltene **Allerheiligste**, den Altarsaal mit dem Schrein. An der Wand Malereien: Der König zieht ins Heiligtum ein, opfert Weihrauch vor Horus' Barke. Die Räume rund um den Altarsaal dienten als Kapellen der Götter Horus, Hathor, Osiris und Re. Von den Eckräumen führen Stufen zu Krypta hinab.

Außerhalb der Mauern befindet sich ein **Nilometer**, ein brunnenähnlicher Pegelmesser mit gut erhaltener Wendeltreppe. Die Skala ist leicht zu erkennen. Nur mehr zur Hälfte existiert hinter dem Hathor-Tempel der erhöht liegende **Isis-Tempel**, erbaut von Kaiser Augustus. Seine Besonderheit ist die doppelte Ausrichtung nach Osten wie nach Norden.

Tgl. 6–17/18 Uhr; Eintritt 35 LE

Kom Ombo

S. 60, C 4

Kom Ombo, ca. 42 km nördlich von Assuan gelegen, ist heute ein Zentrum des Zuckerhandels und trug in seiner Geschichte diverse Namen. Dem pharaonischen »Nebet« folgten das griechische »Ombos« und das koptische »Embo« für Nubien; »Kom« ist arabisch und heißt Erdhügel.

Kom Ombo erlebte seine Blütezeit unter den griechischen Ptolemäern. Damals fungierte die Stadt sowohl als Hauptstadt des Gaues wie auch als Haltepunkt der Goldkarawanen und Ausbildungslager für eine Waffengattung der besonderen Art – die Kampfelefanten, welche die Ptolemäer gerne einzusetzen pflegten.

Vom Roten Meer führten schutzbedürftige Wege für Karawanen nach Kom Ombo. Als der Handel zwischen Küste und Niltal abnahm, verlor auch Kom Ombo an Glanz und Bedeutung. Geblieben ist einzig aus der Zeit der Ptolemäer der prächtige Doppeltempel. Von Monumenten, die es vor der 18. bis 20. Dynastie hier gab, ist leider nichts mehr erhalten.

Im vergangenen Jahrhundert ging der Name Kom Ombo in Verbindung mit einer der größten Umsiedlungsaktionen der Geschichte um die Welt. Für den Bau des Hochdamms bei Assuan mussten rund 100 000 Nubier aus ihren Dörfern an andere Plätze umziehen. Bei Kom Ombo, mittlerweile auch Neunubien genannt, entstanden die neuen Dörfer. Dabei war zu beachten, dass diese neuen Siedlungen 1:1 mit denselben Namen und derselben topographischen Beziehung zueinander angelegt wurden.

Tempel von Kom Ombo

Der Tempel liegt exponiert und eingekeilt zwischen Nil und Wüste, eine nicht unproblematische Lage. Feuchtigkeit und hohe Temperaturschwankungen nagen an dem Stein. An den Tempelwänden ist vermerkt, dass der Bau um 135 v. Chr. unter verschiedenen Ptolemäerkönigen schon ansehnlich gewachsen war, der Körper der Anlage zwischen 80 und 51 v. Chr. fertig gestellt worden war. Ausstattung und Reliefs waren da aber bereits Sache der Römer, die die Ptolemäer-Dynastie aus Ägypten vertrieben hatten.

Der Tempel von Kom Ombo liegt direkt an einer Schleife des Nils. Die malerische Lage hat allerdings ihre Schattenseite: Dem Heiligtum droht die allmähliche Unterspülung.

Unter den ägyptischen Tempeln stellt dieser Doppeltempel eine Einmaligkeit dar. Er war zwei Göttern gleichzeitig gewidmet, dem Krokodilgott **Sobek** und dem falkenköpfigen **Haroëris** (Amun, Chnom und Ptah wurden selbstverständlich auch gewürdigt). Man übernahm zudem die Gleichwertigkeit Sobeks und Haroëris' in die Struktur des Tempels und baute ihn folglich völlig symmetrisch. Damit wurde auch nach außen sichtbar dokumentiert, dass die Priester beide Hauptgötter, die jeweils ihre eigenen Zeremonien, Rituale und Feiertage hatten, als absolut gleichwertig verehrten. Links liegt der Teil für Haroëris, rechts der für Sobek. Jeder Gott hatte sein eigenes Allerheiligstes.

Der Sobek-Kult findet sich in Ägyptens Geschichte in verschiedenen Spielarten. Während der Krokodilgott Sobek im Fayum als höchster Gott verehrt wurde, galt das Krokodil in Oberägypten als Erscheinungsform des einfachen Gottes Seth. Die Verehrung des Krokodils, wie sie unübertroffen in Kom Ombo vollzogen wurde, war wohl aus einer praktischen Überlegung heraus entstanden. Der Nil war damals voll gefährlich lauernder Krokodile; ein Tier, das man verehrte, würde sicher seine Anbeter schonen. Nach zeitgenössischen Beschreibungen verschwanden am Nilufer immer wieder Menschen spurlos.

Vom südöstlichen **Eingangspylon** des Tempels ist nicht viel geblieben. Die kärglichen Reste zeigen Ptolemäus XIII. (König Neos Dionysos) mit verschiedenen Kronen bei der Darreichung seiner Opfergaben für die Götter. Wie abgesäbelt stehen im Vorhof die Stümpfe von einst 16 Säulen. Darauf lassen sich noch einige farbige Reliefs erkennen. Der römische Kaiser Tiberius (14–37 n. Chr.) opfert den Göttern Lotusblumen, Rinder, Wein und Brot. Man erkennt Vasen mit Ölen, Milchkrüge, Weihrauchgefäße und die Kronen von Ober- und Unterägypten.

Nostalgisch bis ins Detail – ein Kellner betritt die Lobby der »SS Misr«.

Durch die säulenlosen Vorsäle gelangt man in die **allerheiligsten Räume** Sobeks und Haroëris': Nur Bruchstücke sind davon erhalten. Es bedarf der Fantasie, um sich vorzustellen, dass die beiden grauen Granitblöcke einst die heiligen Barken der Götter trugen, dass in einem Becken ein heiliges Krokodil gehalten und verehrt wurde. Aus Funden weiß man, dass die Wände reich verziert waren und etwa den König zeigten, wie der den Göttern Wein darbot.

Von einem **Geburtshaus** sind nur Reste erhalten, darunter ein sehenswertes Relief. Es zeigt Ptolemäus VII., der mit zwei Göttern durch die Papyrussümpfe fährt; es wimmelt von Vögeln. Verschiedene Götter beobachten die Szene. Rechts des Tempels liegt die unvollendete **Hathor-Kapelle** des römischen Kaisers Domitian; die Reliefs der beiden Räume zeigen den König, wie er Opfergaben darreicht.

Tgl. 6–17/18 Uhr; Eintritt 30 LE

A B C

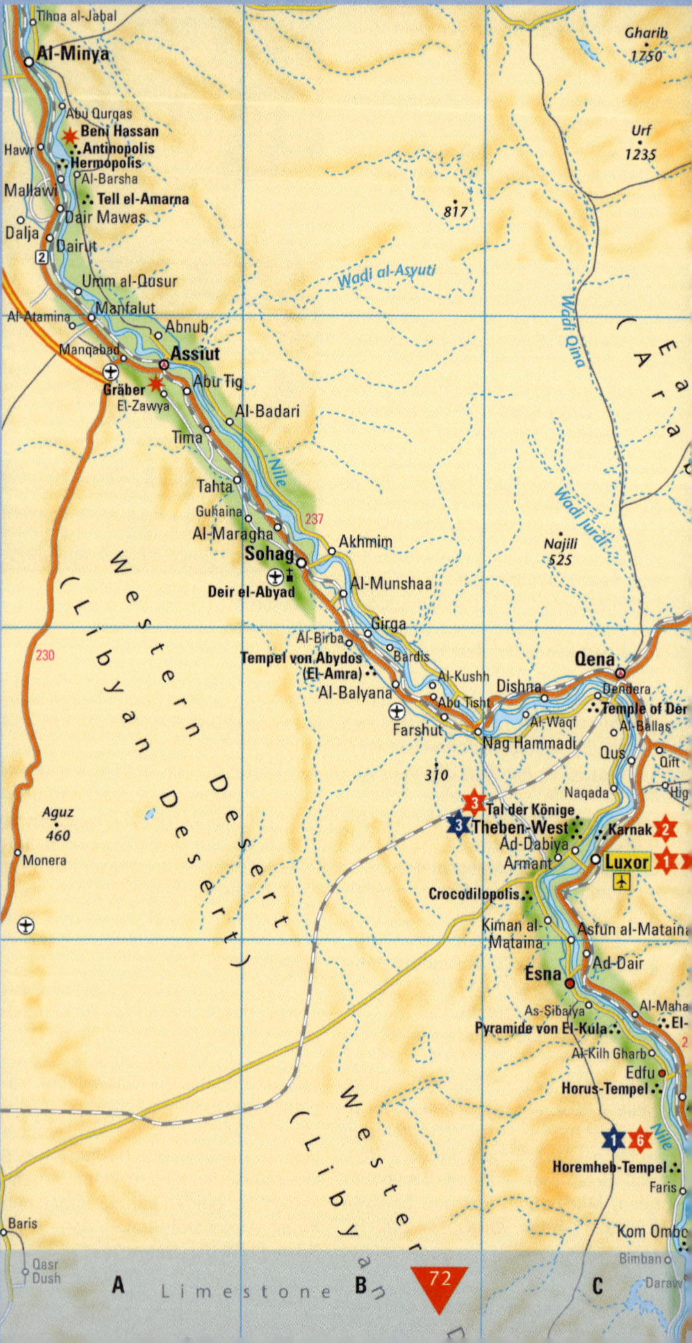

1
2
3
4

A B C

72

D
E
F
as Jamsah
Nabq Bay
Sahra
1460
Ash-Shaikh Humaid
Ras al-Qasba
Ainuna
Ash-Sharma
Naama Bay
Tiran I.
Sanafir I.
Umm Qusur I.
As-Sawra
269
Sharm el-Sheikh
Ras Mohammed Nat. Park
Ras Mohammed
Korallenriffe
Strait of Jubal
Ras Jamsan
Qaysum I.
Jubal I.
Al-Muwailih
Tawila I.
Shakir Island
El-Gouna
Hurghada
10
Giftun Island
Jafatin I.
Mons Porphyrites
58
Shaib
2187
Makadi Bay
Soma Bay
Ras Abu Sawma
Fatira
1355
Mons Claudianus
Safaga
Safaga Islands
77
Bir Safaga
Bir Wasif
Samna
1060
122
Rotes Meer
85
Bir Quei
Al-Hamrawayn
Mutiq
1110
Bir Sivala
Qusair
104
88
Banat
Bir Asal
Desert
Sibai
1477
Bir Umm Gherg
140
Marsa Alam
Jiddah
Blondie Beach
Marsa Shagra
Abu Dabbab
1080
Wadi al-Miyah
Barramiya
99
Marsa Alam
I-Kanayis
Hamata
1977
Nuqrus
1505
Wadi Shait
Wadi Jimal I.
-Bahriya
Ras Hunkurab
142
Suyul Island
(Nasr City)
Abu Ghusun
Sheikh Shazly
0
50 km
N
Hamata
1
2
3
4

73

Assuan

Schon Agatha Christie liebte diesen Luftkurort. Ein Sonnenuntergang genügt, und Sie wissen warum.

Im 1899 erbauten, legendären Old Cataract Hotel in Assuan übernachtete neben vielen Präsidenten und Premiers auch schon Agatha Christie.

Assuan → S. 72, C 6

415 000 Einwohner
Stadtplan → S. 65
Vorwahl: 0 97

In Assuan endet unter Umständen die Kreuzfahrt bzw. ist für viele der Wendepunkt. Manche bleiben ein paar weitere Tage hier, andere unternehmen eine zusätzliche Kreuzfahrt auf dem Nassersee, ehe sie weiter in den Badeurlaub ans Rote Meer fahren. Wer die Strecke zurück nach Luxor gebucht hat, dem bleibt meist ausreichend Zeit für Assuan. Hier kann man übrigens getrost einmal auf die Bordküche verzichten und an Land essen.

Assuan ist eine andere Welt. Auf einem dünnen Streifen erstreckt sich die Stadt, deren Westufer bereits Wüste ist. Der einst bei Engländern als **Winterkurort** beliebte Ort scheint den Menschen aufgrund des Klimas ein Leben im Zeitlupentempo aufzuzwingen. Den gebremsten Aktivismus merkt der Besucher auch daran, dass man hier weit weniger beharrlich als anderswo den Fremden Bakschisch abjagen und Dienste antragen will. Das liege, spotten die Leute aus Kairo, nur daran, dass die **Nubier** vor der Hitze zu Lasten des Geschäfts kapituliert hätten – weswegen es auch kaum jemanden aus Kairo nach Assuan verschlägt, außer er muss unbedingt dorthin.

Durch den **Staudammbau** von Sadd el-Ali (1960–1971) verdreifachte sich die Bevölkerung in nur zehn Jahren auf 350 000 Menschen. Dies erklärt, weshalb das heutige Assuan einen recht modernen Eindruck macht, wobei die Planer erfreulicherweise darauf achten, dass Alt und Neu ohne eklatante Stilbrüche miteinander verschmelzen; Ausnahmen wie der Betonturm des Mövenpick-Hotels bestätigen auch hier die Regel.

Die meisten Reisenden sind jedoch wenig an der modernen Stadt interessiert, sondern folgen der Spur der Pharaonen. Für die alten Ägypter hatte Assuan symbolische Bedeutung: Hier, am vermeintlichen Ursprung des Nils, schien die Welt zu enden – oder zumindest verhinderten die **Nilkatarakte**, dass von Süden her Feinde eindrangen. Der Geschichtsschreiber Herodot schien nicht gewusst zu haben, dass südlich von Assuan noch große Monumente existieren, Philae und Abu Simbel zum Beispiel.

Aus den **Steinbrüchen** der weiteren Umgebung holten die Pharaonen mit Barken den Granit, aus dem sie ihre Prachtbauten schaffen ließen. Für Aga Khan war Assuan der schönste Fleck der Welt. Er ließ sich 1957 auf einem Berg am Westufer beisetzen.

Hotels/andere Unterkünfte

Pyramisa Isis Island → S. 65, a 3
Der Bau ist etwas klotzig ausgefallen, dafür ist der Ausblick von den komfortablen Zimmern wunderbar.
Isis Island; Tel. 2 31 74 00, Fax 2 31 74 05; www.pyramisaegypt.com; 450 Zimmer ●●●● CREDIT

Mövenpick Elephantine Island Resort → S. 65, b 2
Das 2006 renovierte Fünf-Sterne-Hotel auf der Nilinsel Elephantine gehört zu den komfortabelsten Häusern des Landes. Fährverkehr zur Altstadt.
Elephantine Island; Tel. 2 30 34 55, Fax 2 31 35 38; www.moevenpickhotels.com; 234 Zimmer ●●●● CREDIT

Old Cataract Sofitel → S. 65, b 3
Das Luxushotel Old Cataract, gleich neben dem New Cataract gelegen, diente bereits Agatha Christie als Ort der Inspiration; die Agatha-Christie-Suite 337 mit Himmelbett ist bis zu einem Jahr im Voraus ausgebucht. Die Terrasse kann man einfach nur traumhaft nennen – mit dem herrlichen Ausblick auf den Nil, die Feluken und das Aga-Khan-Mausoleum am anderen Ufer. Wer hier nicht absteigt, sollte wenigstens auf der Terrasse den Sonnenuntergang erlebt haben. Unvergesslich! Von 15 bis 19 Uhr werden auf der Terrasse nur Hotelgäste

bedient – eigentlich. Dazu immer: Mindestverzehr 15 LE pro Person.
Sh. Abtal et-Tahrir; Tel. 2 31 60 00, Fax 2 31 60 11; www.sofitel.com; 123 Zimmer und 8 Suiten ●●●● CREDIT

Basma Hotel → S. 65, a 4
Der moderne, eher schmucklose Bau beherbergt das einzige Hotel Oberägyptens, das konsequent Umweltstandards einhält. Dafür wurde es mit dem Green Globe ausgezeichnet. Von den Zimmern, dem Pool und den Terrassengärten genießt man einen traumhaft schönen Blick.
Gegenüber vom Nubischen Museum; Tel. 2 31 09 01, Fax 2 31 09 07; www.basmahotel.com; 179 Zimmer ●●● AmEx MASTER VISA

Isis Corniche Hotel → S. 65, c 2
Wunderbar zwischen Corniche und Nil gelegen, die zugehörige Trattoria serviert sehr gute italienische Küche.
Corniche; Tel. 2 31 51 00, Fax 2 31 55 00; 102 Zimmer ●●● CREDIT

Ramses → S. 65, c 2
Das Hotel liegt verkehrsgünstig in Bahnhofsnähe und ist sehr gepflegt.
Sh. Abtal et-Tahrir; Tel. 2 30 40 00, Fax 2 31 57 01; 112 Zimmer ●●

Hathor → S. 65, b 3
Ein beliebtes Haus, das Rucksackreisende gern weiterempfehlen.
Corniche; Tel. 2 31 45 80; 100 Zimmer ●

Jugendherberge → S. 65, c 2
Ordentlich, nahe am Bahnhof.
Sh. Abtal et-Tahrir; Tel. 2 30 23 13, 2 30 22 35; 76 Betten ●

SPAZIERGANG

Den Bummel durch Assuan beginnt man am besten an der **Corniche**, gegenüber der Anlegestelle zur Insel Elephantine am Isis-Hotel. Zwei Parallelstraßen weiter hat man bereits die **Sh. el-Souk** erreicht, das Geschäftszentrum, wo sich Laden an Laden reiht. In der Nachbarschaft der bereits erwähnten Fähranlegestelle liegt das Kaufhaus **Benziun**, wo vom Lockenwickler bis zur Waschmaschine im bunt gemixten Sortiment alles zu bekommen ist.

SEHENSWERTES

Alle Sehenswürdigkeiten Assuans sind in der Regel täglich mindestens von 9 bis 16 Uhr geöffnet; die Eintrittspreise liegen bei 10 LE aufwärts.

Aga-Khan-Mausoleum → S. 65, a 3
Aga Sir Sultan Mohammed Schah (1877–1957) war das Oberhaupt der Ismailiten, einer schiitischen Sekte. Er gilt als Nachkomme von Mohammeds Tochter Fatima. Sein äußerlich eher schlicht wirkendes Sandstein-Mausoleum, oberhalb der Bootsanlegestelle am Westufer über der Villa der Begum gelegen, ist wegen der nächtlichen Beleuchtung abends am schönsten. Seit 1997 ist auf Anordnung der 2001 verstorbenen Begum, die hier an der Seite ihres Mannes ruht, das Mausoleum für Besucher geschlossen.

MERIAN-Tipp

5 Basar von Assuan

Handgeknüpfte Teppiche mit nubischen Motiven, Gewürzhändler, Metzgereien, Spielwaren, Souvenirs. Die Händler sind, im Vergleich zu den Kollegen in Luxor, weitaus freundlicher und unaufdringlicher. Kleidung aus Baumwolle kauft man am besten bei **Nadir Kaldas** in der Sh. el-Sayidda Nafiza (Hosen, Hemden). Falls Sie den Malvenblütentee »Karkadeh« bereits lieben gelernt haben, sollten Sie bei einem der Gewürzhändler, die man alle paar Meter findet, ein Päckchen der getrockneten Teeblätter erwerben. Die beste Qualität kommt aus dem nahe gelegenen Sudan und wird hier am billigsten angeboten.

Sh. el-Souk → S. 65, c 2

Botanische Insel/ Kitchener-Insel ⇢ S. 65, b 2
Botanikfans dürfen dieses tropische Paradies nicht versäumen. Neben Palmen, Oleander, Bougainvillea und Malven wachsen hier auch riesige Mahagonibäume, Brot- und Muskat- sowie Trompetenbäume. Die Insel gehörte bis 1916 dem Oberbefehlshaber der anglo-ägyptischen Armee Lord Kitchener. Der Name »Kitchener Island« wird wegen des kolonialen Bezugs jedoch nicht mehr so gerne verwendet.

Elephantine-Insel ⇢ S. 65, ab 2/3
Auf der Insel entstand vor über 5000 Jahren eine der ersten Siedlungen Ägyptens, deren Hafen man Assuan nannte. Im südlichen Teil der Insel fanden Archäologen Mauern eines **Tempels der Göttin Satet,** die als Göttin des Wassers verehrt wurde. Nordwestlich des Tempels sieht man die Überreste eines im Alten Reich errichteten **Tempels für den Fürsten Hekaib** sowie den **Jahwe-Tempel von Jahu.** Heute dominiert optisch leider einer

Risse im Gestein führten zur Aufgabe des Projekts: der unvollendete Obelisk in den Granitsteinbrüchen von Assuan.

der wenigen stadtplanerischen Fehltritte: der Betonturm des Mövenpick-Hotels, das neben der Fähre eigene Schiffe im Pendelverkehr mit der City unterhält. Am Ufer bei der Anlegestelle befindet sich ein **Nilometer**, das auf Marmortafeln den Pegelstand des Nils anzeigt und das schon im 1. Jh. v. Chr. vom griechischen Geographen Strabo erwähnt wurde.

Fähre vom Philae Hotel und Cataract Hotel

St.-Simeons-Kloster ⇢ S. 65, a 2

Das St.-Simeons-Kloster (6. Jh.) ist das größte koptische Kloster Ägyptens. Geweiht war es dem Lokalheiligen Anba Saaman, der im 5. Jh. lebte. An den Wänden sieht man noch heute Malereien mit Christus und den Aposteln als Motiv. Das von den Mönchen im 13. Jh. verlassene Kloster erstreckte sich über zwei Terrassen am Felshang des Westufers. Zu Fuß erreicht man die Klosterruine vom Aga-Khan-Mausoleum aus in etwa 30 Minuten.

Unvollendeter Obelisk

⇢ S. 65, südl. b 4

Einige Kilometer südlich von Assuan liegen mehrere alte Steinbrüche aus der Pharaonenzeit. Dort befinden sich zwei unvollendete Sarkophage, eine unvollendete Statue des Osiris und ein 42 m hoher, ebenfalls unvollendeter Obelisk. Er wurde wegen mehrerer Risse im Gestein nicht fertig gestellt. Der Steinbruch wurde über 3000 Jahre lang benutzt und vermittelt einen guten Eindruck davon, wie schwer die altägyptischen Arbeiter schufteten.

Museen

Assuan-Museum ⇢ S. 65, b 3

Funde, die bis in die Epoche vor dem Jahr 4000 v. Chr. reichen. Außerdem Waffen, Keramik und Statuen aus dem Alten Reich sowie der griechisch-römischen Epoche.

Elephantine-Insel; tgl. 8–18 (Sommer) bzw. 8–17 Uhr (Winter); Eintritt 10 LE

Nubisches Museum ⇢ S. 65, a 4

Zweifellos das schönste Museum Ägyptens. In ca. 1200 Exponaten lebt Nubiens Geschichte auf, von der prähistorischen Zeit bis zur Islamisierung. Eindrucksvoll ist eine handgroße Isis-Statue, die den jungen Gott Horus nährt. Nubien, das alte ägyptische Wort für Gold, erstreckte sich als Reich bis tief in den Sudan und gehörte lange zur verdrängten Geschichte Ägyptens. Großartig ist die Gouverneurs-Galerie des Museums; Bauern hatten die zersplitterten Statuen im Jahr 1933 durch Zufall unter einem Acker entdeckt. 8

Sh. Abtal et-Tahir; tgl. 9–13 und 18–22 (Sommer), 9–13 und 17–21 Uhr (Winter); Eintritt 35 LE

Essen und Trinken

Das Restaurantangebot – Hotels ausgenommen – in Assuan ist spärlich, zumal für den Reisenden, der sich kaum an kleinere Restaurants heranwagt. Am schönsten sitzt man in einer der Gaststätten an der Nilpromenade, vor den träge dümpelnden Feluken, meist mit Blick auf die Elephantine-Insel und das beleuchtete Aga-Khan-Mausoleum.

1902 ⟶ S. 65, b 3
Im Jahr 1902 wurde das »1902« eröffnet, das Restaurant im Old Cataract Hotel. Hier kann man gepflegt speisen und die Atmosphäre des großzügigen, im indischen Stil gehaltenen Restaurants genießen. Reservierung ist zu empfehlen, am besten schon, wenn Sie von Luxor ablegen; Mindestverzehr für Nicht-Hotelgäste: 150 LE.
Sh. Abtal et-Tahrir; Tel. 2 31 60 00 ●●●●
CREDIT

Nubian Restaurant ⟶ S. 65, a 3
In wenigen Minuten setzt man vom Aswan Island Port, dem Bootsableger gegenüber des Egypt-Air-Büros, nach Eissa's Island über. Das Lokal mit seinem schon fast hallenähnlichen Gastraum ist unübersehbar auf Gruppen ausgelegt, die Küche ordentlich. Warum da hin? Der Ausblick ist nett, und vor dem Gehen wird man in der Caféecke auf Kissen am Boden sitzend Gast einer orientalischen Kaffeezeremonie.
Mobil-Tel. 0 12/2 16 23 79, 2 32 76 05; tgl. ab 11 Uhr ●●●

Aswan Panorama ⟶ S. 65, c 2
Schräg gegenüber dem Egypt Air Office an der Corniche gelegen. Gute ägyptische Küche, große Teeauswahl.
Corniche ●●

El-Masri ⟶ S. 65, c 2
Nahe der Sh. el-Souk findet man dieses Lokal, das etwas teurer ist als die Restaurants der Corniche. Aber die kleine Speisekarte (Kebab, Kofta in diversen Variationen) hat es in sich. Bestes Fleisch, sorgfältig zubereitet – eher eine Seltenheit in Ägypten.
Sh. Matar; Tel. 2 30 25 76 ●●

Aswan Moon ⟶ S. 65, c 2
Gegenüber der Bank Misr gelegen, bietet das große Restaurant reichlich ägyptische Spezialitäten, köstliche Hamburger und Alkoholika. Der Service ist jedoch ziemlich schleppend.
Corniche; Tel. 2 31 61 08 ●

Am Abend

Wegen des Nachtlebens reist wohl niemand nach Assuan. Trotzdem: In allen großen Hotels gibt es Nachtklubs. Das Programm ist meist gleich: abwechselnd Bauchtanz und nubische Folklore. Zu moderner Musik, meist aus den Euro-Charts, tanzt man in den Hoteldiscos. Wer laute Pubstimmung liebt, ist im Pub & Disco im **New Cataract Hotel** (Tel. 31 60 01) richtig. Fetzige Musik, nette Leute – auch was für allein Reisende. Der Alkohol fließt reichlich, aber sogar in der Hauptsaison ist es manchmal gähnend leer.

Hathor Disco ⟶ S. 65, c 2
Isis Corniche Hotel; Tel. 2 31 52 00

Shasha Disco/The Pub ⟶ S. 65, b 3
Gute Musikkneipe.
New Cataract Hotel; Tel. 2 31 60 01

Osiris Disco ⟶ S. 65, a 3
Guter Platz zum Tanzen; Arab-Pop und internationale Hits.
Isis Island Hotel; Tel. 2 31 74 00

Service

Auskunft ⟶ S. 65, c 1
Tourist Information
Im Bahnhof; Tel. 2 32 32 97

Bahn ⟶ S. 65, c 1
Wollen Sie mit dem komfortablen Schlafwagenzug nach Kairo? Fall Sie nicht vorab gebucht haben, zum Bahnhof gehen oder die Hotelrezeption mit der Buchung beauftragen!

Flugzeug ⟶ S. 65, südl. b 4
Tgl. mehrmals Flüge nach Abu Simbel, Luxor, Kairo (Egypt Air, Tel. 48 03 07).

Touristenpolizei
Tel. 2 31 64 36

Südlich von Assuan

Ein Tagesausflug zu den beinahe versunkenen und dann geretteten Tempeln von Philae und Kalabsha.

Der eindrucksvolle Isis-Tempel von Philae steht heute auf der Nachbarinsel Agilkia. Die steigenden Fluten des Nassersees hatten die Umsetzung nötig gemacht.

In Assuan ist in aller Regel Zeit. Nutzen Sie sie, bevor es zurück nach Luxor oder weiter in den Badeurlaub geht, und unternehmen Sie Ausflüge in den Süden. Ihr Reiseveranstalter bietet sie an; man kann sich auch auf eigene Faust – und billiger – mit jedem Taxi aus Assuan auf den Weg nach Philae und Kalabsha machen.

Sadd-el-Ali-Hochdamm

→ S. 72, C 6

Auf der Straße nach Philae sieht man den alten und den neuen Staudamm. Der **Alte Damm**, bei seiner Inbetriebnahme 1902 die größte Talsperre der Welt, hat eine 52 m hohe Mauer und fasste 5,4 Mrd. Kubikmeter. Mit Fertigstellung des Bauwerks war Ägypten in der Lage, eine 16 % größere Nutzfläche stetig zu bewässern. Die Ernteerträge konnten dadurch um ein Drittel gesteigert werden – nicht genug für die explodierende Bevölkerungszahl.

Durch den 1971 eingeweihten **Neuen Staudamm**, eines der größten technischen Bauwerke Ägyptens, verdoppelte sich die Länge des Stausees auf über 550 km, die Hälfte davon im Sudan. Der Stausee (Buhairat Nasir) hat eine Breite von 5 bis 20 km, der Wasserspiegel liegt 180 m über dem Meeresspiegel. Das Volumen verdreißigfachte sich auf über 165 Mrd. Kubikmeter mit weit reichenden Folgen: Die landwirtschaftlichen Anbauflächen im Niltal konnten um das Anderthalbfache vergrößert werden; bis zu fünf Ernten pro Jahr sind heute möglich.

Wegen der immensen Ausmaße des Sees mussten mehr als 100 000 dort ansässige Nubier umgesiedelt werden. Denkmäler wurden versetzt, während man zahlreiche andere Monumente an Ort und Stelle stehen ließ. Manche der Unterwasser-Tempel können heute – je nach Wasserpegel – per Boot besichtigt werden.

Mittlerweile hat sich gezeigt, dass der neue Hochdamm nicht nur Vorteile – nämlich keine Überschwemmungen, mehr Bewässerungsland und bessere Ernten – mit sich bringt, sondern auch gewaltige ökologische Nachteile hat. In der Umgebung des Staudamms hat sich das Klima grundlegend verändert. Durch die erhöhte Feuchtigkeit kommt es beispielsweise gelegentlich zu schweren Regenfällen. Das »technische Herz« des Staudamms kann besichtigt werden; Eintritt 10 LE.

Philae

→ S. 72, C 6

Mit einem der vielen Boote (Minimum 20 LE/Person; nicht im Eintrittspreis enthalten) setzen Sie in wenigen Minuten zur Insel Philae über, eine der reizvollsten Besichtigungen Ägyptens. 9 Nektanebes begann im 4. Jh. v. Chr. den Bau, den seine ptolemäischen und römischen Nachfolger im Laufe von knapp 600 Jahren vollendeten. Insgesamt wurde auf Philae 560 Jahre lang gebaut, erweitert, erneuert. Diese Baulust galt der beliebten und vielseitigen Isis, Göttin von Erde, Wasser, Mond, Unterwelt, Patronin der Ehe und der Liebe.

Das Wort »Philae« bedeutete »Ende«, im Sinne von: Ende der Welt. Und dort lag für die alten Ägypter der Tempel auch. In den Märchen aus Tausendundeiner Nacht ist die Insel Schauplatz der Liebesgeschichte des Königssohnes Anas el-Wogud, der hier die Tochter des Wesirs aus einem Kerker befreit, nachdem ihn ein Krokodil auf seinem Rücken über den See hierher gebracht hatte.

Die Umsetzung von Philae

Philae-Tempel und Insel Philae – seit 1980 sind das zwei unterschiedliche Plätze. Als 1902 der alte Assuan-Damm in Betrieb ging, war die nun unter Wasser stehende Insel nur mehr drei Monate pro Jahr zu besichtigen, wenn sich die Speicherbecken leerten und der Wasserspiegel sank.

Der Trajanskiosk ist unter Einheimischen auch als »Bett des Pharao« bekannt.

Dieser aus archäologischer Sicht unhaltbare Zustand wurde durch den 1971 eröffneten Sadd-el-Ali-Hochdamm verschärft. Philae lag nun in einem Regulierungsbecken zwischen beiden Dämmen, mit ständig schwankendem Wasserspiegel, der alles geschleift hätte. In einer international finanzierten Rettungsaktion wurde nun ab 1979 die Tempelanlage, rund 44 000 durchnummerierte Steinblöcke, auf die nördlicher liegende Insel Agilka originalgetreu umgesetzt.

Nach der kurzen Bootsfahrt legt man am **Pavillon des Nektanebes** an. Mit seinem übergroßen Vorplatz durchbricht der Isis-Tempel das herkömmliche ptolemäische Tempelschema. Größer als sonst sind auch die Wandbilder gestaltet; Ptolemäus XII. reicht Horus die Landeskronen, Tiberius und Augustus sind als Pharaonen dargestellt, Priester tragen die Isis-Barke. Unvollendete **Kolonnaden** führen zum Isis-Tempel, 31 Säulen im westlichen Bereich, 17 im östlichen. Die Darstellungen zeigen Tiberius, der den Göttern opfert.

Isis-Tempel

Der Isis-Tempel ist das zentrale Gebäude und spiegelt die Bedeutung wider, die Isis in der griechisch-römischen Ära hatte. Sogar aus Griechenland und Rom kamen Pilger nach Philae, wie Inschriften erzählen. Der **erste Pylon** ist knapp 20 m hoch, fast 50 m breit. Reliefs zeigen Nektanebes beim Tanz vor Isis und Osiris, mit Chnum und Hathor. An anderer Stelle tragen Priester zur Isis-Prozession eine Barke.

Mit aufwendigen Prozessionsritualen zelebrierten die Priester ihre Göttin Isis. Alle zehn Tage und zu hohen Festtagen setzte man mit der Isis-Statue zur südlich gelegenen Insel Biqe über, wo Isis' Gemahl Osiris beigesetzt worden war. Seinen heiligen Bezirk **Abaton** (griechisch: das Unbegehbare) durften nur wenige Priester betreten, die dort jeden Tag ein Milchopfer darbrachten; für jeden Tag des Jahres auf einem eigenen Altar. Der Legende nach wurde hier das linke Bein des Osiris als Reliquie verehrt. In das Abaton gelangt man durch einen kleinen Tempel, der später zu einer Kirche umgewandelt wurde.

394 n. Chr. wurde am Tempel von Philae übrigens die letzte hieroglyphische Inschrift eingemeißelt. Wenige Generationen später war »Hieroglyphisch« eine vergessene Sprache, die erst der Franzose Champollion 1822 wieder zu entziffern lernte.

Im **Geburtshaus** westlich des ersten Vorhofes findet man an der nördlichen Wand die interessanteste Darstellung: Der falkenköpfige Horus trägt die Doppelkrone; etwas unterhalb hält Isis ihren neu geborenen Sohn Horus, den Stammvater aller Pharaonen. Da das Geburtshaus von Kopten als Kirche benutzt wurde, findet man an den Wänden eine Reihe eingeritzter Kreuze.

Tgl. 9–17 Uhr; Eintritt 50 LE

Hathor-Tempel
Östlich des Isis-Tempels liegt der kleinere Hathor-Tempel. Ihn umgeben 14 Säulen, auf denen ein ausgelassenes Opferfest zu sehen ist: Bes schlägt ein Tamburin und spielt Harfe, ein Affe bläst die Flöte, Priester tragen eine Antilope herbei. Südöstlich erhebt sich das bezauberndste Bauwerk der Insel, der unvollendete **Trajanskiosk**, durch den man bis zur Umsetzung den Tempel betrat. Seine 14 Säulen, die einst ein Holzdach trugen, sind reich verziert mit Blumenornamenten. An den Wänden, soweit erhalten, bietet Kaiser Trajan Isis und Horus Wein an, opfert vor Isis und Osiris Weihrauch.

Sehenswert ist täglich um 19.30 Uhr die **Sound-&-Light-Show**, die sonntags auch in deutscher Sprache vorgestellt wird (Infos unter www.sound-light-egypt.com; Eintritt 55 LE).

Tgl. 7–18 Uhr; Eintritt 35 LE

Kalabsha

S. 72, C 6

Man fährt auf einer gut ausgebauten Teerstraße, die sich weit entfernt vom Hochdamm durch die Wüste zieht. Viele kommen nach Kalabsha auf dem Weg nach Abu Simbel; der Besuch im Anschluss an Philae ist sinnvoller.

Tempel von Kalabsha
Ebenso wie Philae stand Kalabsha nach dem Bau des alten Staudammes den Großteil des Jahres unter Wasser. Die Bundesrepublik Deutschland versetzte »aus Freundschaft zum Volk der Arabischen Republik Ägypten«, so die Gedenktafel, den Tempel und rettete von 1960 bis 1963 die neben Abu Simbel bedeutendste Anlage Nubiens vor den Fluten des Sees und der einhergehenden Zerstörung. Kalabsha war dem nubischen Gott Mandulis geweiht, der mit Horus gleichzusetzen ist. Mit nur 43 Jahren Bauzeit war Kalabsha ein geradezu zügig fertig gestellter Tempel, er wurde 14 n. Chr. unter Kaiser Augustus vollendet. Ein paar Stufen hoch, durch einen Pylon, schon steht man im Vorhof des Tempels, den Kolonnaden umlaufen. Die Reliefbilder der **Vorhalle** zeigen Thot und Horus bei der Taufe eines Pharao, nennen Mandulis und andere als geweihte nubische Könige. An der Rückwand ist Amenophis II. zu erkennen, der als Pharao der 18. Dynastie einen Vorläufertempel errichtet hatte und hier Mandulis Wein opfert. Die Kapitelle der zwölf Säulen sind Pflanzen, Blumen und Weinblättern nachempfunden. Reliefs zeigen den König vor den Göttern; an der westlichen Außenmauer beschützt die Uräusschlange den gekrönten Mandulis. In den drei folgenden Sälen erkennt man an den Wänden Gaugötter mit ihren Gaben. Vom ersten Saal führt eine Treppe zum Dach. Ein **Nilometer** findet sich auf der Südseite des Tempels.

Nordwestlich des Kalabsha-Tempels steht der ebenfalls versetzte Felsentempel **Beit el-Wali**, dessen historische Darstellungen sehenswert sind. Ramses II. ließ den Tempel ursprünglich zum größeren Teil in den Fels hineinschlagen. In christlicher Frühzeit beherbergte die Vorhalle eine Kirche mit geziegeltem Gewölbe.

Ramses II. tötet auf den Reliefs der linken Wand im Krieg gegen die Kuschiten Feinde. Er zeigt sich mit seinen Söhnen, lenkt den Streitwagen. Dann wieder thront der König unter einem Baldachin, gefesselte Gefangene werden vorgeführt. Afrikaner bringen dem König Rinder und Gazellen dar. Die rechte Tempelwand hat den Krieg gegen Syrer und Libyer zum Thema. Es wird martialischer: Der König steht auf Gefangenen, hält drei andere Feinde am Schopf. Dann erschlägt er vom Streitwagen aus fliehende Feinde. Die Allmacht von Ramses II. gipfelt in der Darstellung des Löwen, der ergeben und friedlich zu Füßen des Pharao liegt. Etwas südlich findet sich der kleine **Kiosk von Kertassi** mit zwei Hathor-Säulen.

Tgl. 7–18 Uhr; Eintritt 25 LE

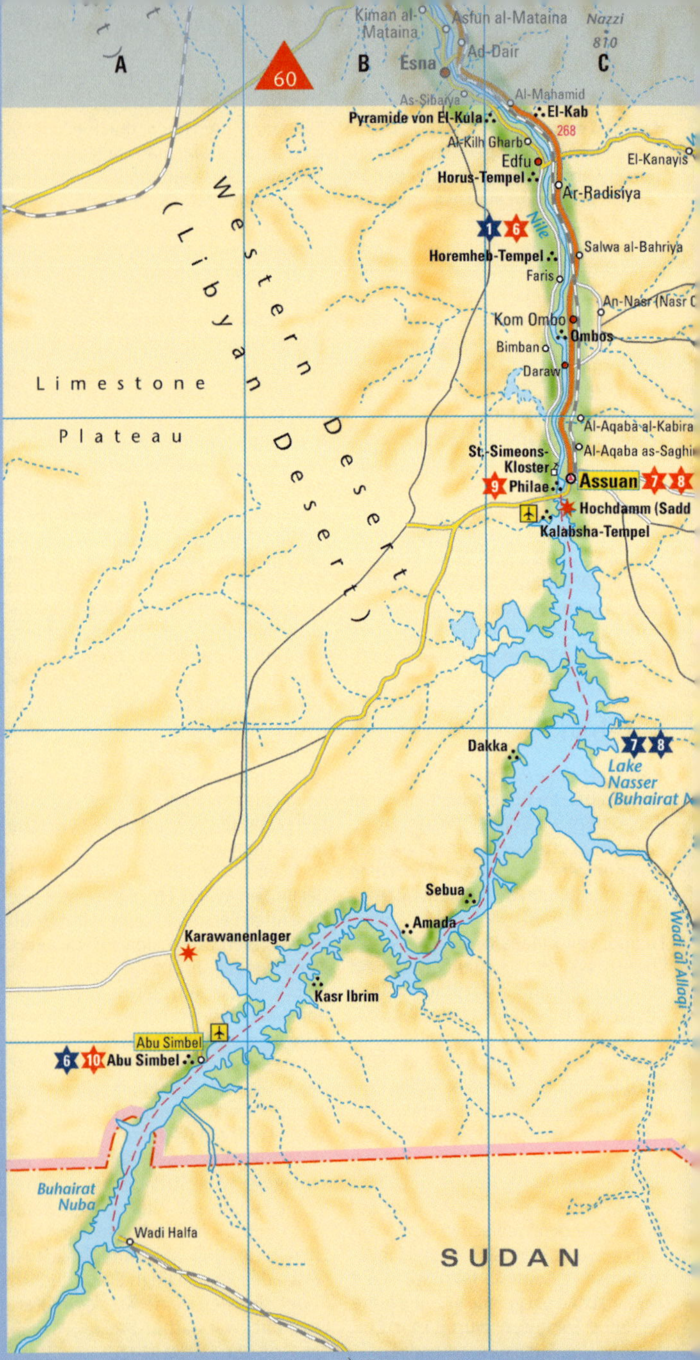
A
B
C
60
Kiman al-Mataina
Asfun al-Mataina
Nazzi
810
Ad-Dair
Esna
As-Sibaiya
Al-Mahamid
Pyramide von El-Kula
El-Kab
268
Al-Kilh Gharb
El-Kanayis
Edfu
Horus-Tempel
Ar-Radisiya
Nile
Western Desert
(Libyan Desert)
Horemheb-Tempel
Salwa al-Bahriya
Faris
An-Nasr (Nasr C
Kom Ombo
Ombos
Bimban
Daraw
Limestone
Plateau
Al-Aqaba al-Kabira
Al-Aqaba as-Saghi
St.-Simeons-Kloster
Assuan
Philae
Hochdamm (Sadd
Kalabsha-Tempel
5
6
7
8
Dakka
Lake Nasser (Buhairat N
Sebua
Amada
Karawanenlager
Kasr Ibrim
Wadi al Allaqi
Abu Simbel
Abu Simbel
Buhairat Nuba
Wadi Halfa
SUDAN
Khartoum
A
B
C

Blondie Beach
Marsa Shagra
D
E
F
61
1080
arramiya
99
Marsa Alam
Rotes Meer
Hamata
1977
Nuqrus
1505
Wadi Shait
Wadi Jimal I.
Ras Hunkurab
142
Suyul Island
Abu Ghusun
Sheikh Shazly
Hamata
Eastern Desert
(Arabian Desert)
Hamata
1977
Ras Banas
44
Wadi al-Kharit
Berenice
Foul Bay
Umm Bisilla
820
Bir Abu Hashim
Faraid
1366
104
Wadi Jarara
Bir Shalatain
Nasiya
900
1129
Mushbih
1351
Bir el-Hamur
uga
5
6
7
8
D
E
0
50 km
N
© MERIAN-Kartographie

Ausflug nach Abu Simbel

Klotzen, nicht kleckern! So dachte schon Pharao Ramses II. und schuf sein imposantestes Werk.

Mächtig erhebt sich die Tempelanlage Ramses' II. bei Abu Simbel, die 1968 vor den Fluten des Assuan-Stausees gerettet und 200 Meter landeinwärts versetzt wurde.

Abu Simbel S. 72, A 8

Vorwahl: 0 97

Von allen Ausflügen einer Nilreise ist der nach Abu Simbel, jenseits des Wendekreises des Krebses gelegen und 1817 entdeckt, sicher der zeitraubendste, am Ende aber doch einer der beeindruckendsten. Letzteres gilt umso mehr, wenn Sie eine Kreuzfahrt auf dem Nassersee unternommen haben. Dann geht Ihnen beim Einlaufen in Abu Simbel das Herz vor Freude über. Da steuert Ihr Schiff geradewegs auf die spektakuläre Felsfassade mit den Sitzkolossen des Großen Tempels zu. An Bord, so hat es sich eingebürgert, wird über Lautsprecher begleitend Verdis »Aida« gespielt. Selbst hart gesottene Nichtromantiker werden diese ergreifenden Momente im Leben nicht vergessen.

Die aus Assuan Kommenden haben für die 280 km lange Strecke neben der Anfahrt im Reisegruppenbus zwei weniger pittoreske Anreiseoptionen. Am schnellsten geht es mit dem Flugzeug; Nachteil: Man verweilt nur ca. zwei Stunden in Abu Simbel, zeitgleich mit hunderten anderen Touristen. Billiger und flexibler gestaltbar ist die Fahrt mit dem Auto bzw. Taxi. Es ist eine monotone Asphaltstrecke durch die Wüste. Meist ist es hier so heiß, dass über dem weichen Asphalt Fatamorganas flimmern.

Achten Sie auf der Strecke auf Kamelkarawanen. Ihre jahrhundertealte Route, der »Dar al-Arba'ein« (Weg der 40 Tage), kreuzt die Straße. Die Kamele kommen aus dem tiefen Sudan und werden in Ägypten als Arbeits- und Schlachttiere gehandelt. Wie Kräfte zehrend der Weg ist, sieht man von der Straße aus. Da liegen ab und an verendete Tiere und Skelette.

Wer die Möglichkeit zur Übernachtung in Abu Simbel hat, sollte sie wahrnehmen. Man wird die Tempel zeitweise fast menschenleer erleben. Sonnenaufgang und Sonnenuntergang sind an dem beschaulichen Ort mit Hotels und einfachen Cafés ein zusätzliches Erlebnis. Kleiner Tipp: in den Wintermonaten für Besichtigungen am Morgen und die kühlwindigen Abende Jacke oder Pulli mitnehmen.

Die Umquartierung von Abu Simbel
Seit 1968 stehen die Tempel von Abu Simbel knapp 200 m weiter landeinwärts und 64 m über dem ursprünglichen Niveau. An ihrem Standort, dem Zweiten Nilkatarakt, bedroht von den Fluten des Staudamms, mussten sie in dreijähriger Arbeit Stein für Stein versetzt werden.

Eine technische Herausforderung wie diese hatte die Welt noch nicht gesehen. Es gab etliche verschiedene Ansätze. Während die Franzosen einen Schutzdamm bauen und die Italiener alles auf einer Eisenbetonplatte hydraulisch anheben wollten, schlugen Schweden und Ägypter vor, Abu Simbel doch »einfach« zu zerlegen und an anderer Stelle wieder aufzubauen.

Ein internationales Baukonsortium mit 40 Ingenieurteams setzte diesen Vorschlag ab 1964 in die Tat um. Die Projektleitung lag bei der deutsche Baufirma Hochtief. Die Tempel wurden von italienischen Spezialisten aus den Marmorsteinbrüchen von Carrara in bis zu 20 t schwere Blöcke zersägt, abgetragen und per Lkw zum neuen Standort verfrachtet. 40 Mio. US$ kostete das Unternehmen. Über 17 000 Blöcke wurden bewegt und mit einer Maximalabweichung von 1 mm wieder aufeinander gesetzt. Alles passierte unter höchstem Zeitdruck. Das Wasser des Stausees stieg und stieg und erreichte im November 1964 bis auf 2 m die Krone eines provisorisch gebauten, 360 m langen Schutzdamms. Bei steigendem Pegel wurde der Damm weiter erhöht, bis seine Krone unerreichbar für die Fluten war.

Die Topographie verlangte einen besonderen Kniff: Statt der ursprünglichen rückwärtigen, von der Natur modellierten Felsmassive, die es am neuen Ort nicht gab, wurde als Ersatz eine riesige Stahlbetonkuppel gegossen, die den Tempel fortan auch vor dem Druck der aufgeschütteten Felsen schützen sollte.

Hotels/andere Unterkünfte

Abu Simbel Seti Hotel

Das einzige Hotel in Tempelnähe mit beeindruckendem Blick auf den riesigen Nasser-Stausee – und auch sonst empfehlenswert: Natursteinbungalows, die sich behutsam in die Landschaft einfügen, geräumige klimatisierte Zimmer, Swimmingpool.

Abu Simbel; Buchung und Informationen über Kairo; Tel. 0 97/7 36 98 20, Fax 7 35 24 19; www.setifirst.com/docs/seti_abusimble.htm; 134 Zimmer ●●● AmEx VISA

Nefertari

Wer ein paar Tage Ruhe sucht, der liegt in dieser großzügig angelegten Hotelsiedlung mit ihren kleinen Bungalows goldrichtig.

Abu Simbel; Tel. 0 97/40 05 09 und 40 05 01; 225 Zimmer ●● AmEx VISA

Sehenswertes

Tempel von Abu Simbel

10 Großartig, überwältigend – am Ufer des Nassersees stehend, fallen dem Besucher von Abu Simbel nur Superlative ein, wenn er erstmals vor den kolossalen Sitzfiguren steht, sich winzig und klein fühlt angesichts dieser fast 3300 Jahre zurückliegenden Bauleistung (1279–1213 v. Chr.). Erstmals hatten Ramses' Baumeister einen Tempel in den Fels getrieben.

Warum die Tempelanlage, wohl vollendet zum 30. Thronjubiläum von Ramses II., an einem derart abgelegenen Platz errichtet wurde, hat mehrere Gründe. Als Machtdemonstration, als Stein gewordene Warnung des Pharao gegenüber womöglich von Süden einfallenden Feinden, so verstehen die einen Abu Simbel. Andere sehen die Tempel als Monument in der Tradition alter Höhlenheiligtümer, wie es sie in Nubien häufig gab. Jedenfalls war Abu Simbel von größter Bedeutung als Tor zu Nubien und dem restlichen afrikanischen Kontinent. In Nubien, das einen Goldtribut an Ramses II. abzuführen hatte, lagen jene Goldminen, die die Quellen des ägyptischen Wohlstands bildeten. Abu Simbel signalisierte in seiner Monumentalität: Wage keiner, den Pharao herauszufordern!

Der große Ramses-Tempel war **Amun-Re** und **Re-Harachte** geweiht, der kleinere Hathor-Tempel der Göttin **Hathor** sowie **Nefertari**, der Lieblingsehefrau Ramses' II. Die Tempel waren so angelegt worden, dass die Götterbarken bei Nilhochstand am Eingang des kleineren Hathor-Tempels anlegen konnten.

Es ist kaum vorstellbar, dass dieses Monument über die Jahrtausende

MERIAN-Tipp

6 Sonnenschauspiel

Den Ehrgeiz der Planer des Tempels von Abu Simbel erkennt man noch im kleinsten Detail. Die pharaonischen Baumeister Ramses' II. hatten, eine mathematische Meisterleistung, die Tempelachse so ausgerichtet, dass am 20. Feb. und 20. Okt ein besonderes Lichtspiel der aufgehenden Sonne zu sehen war. Ab 5.58 Uhr fielen an diesen beiden Tagen die ersten Strahlen durch das Eingangsportal und einen 65 m langen Gang genau so in das Allerheiligste, dass Ptah, der Gott der Unterwelt, keinen einzigen Strahl abbekam, die Götter Amun und Re-Harachte je sechs Minuten im Licht saßen und Ramses II. schließlich zwölf Minuten im Sonnenglanz erstrahlte. Dieses Lichtspiel, eine zusätzliche Touristenattraktion, funktioniert auch im versetzten Tempel auf die Minute genau, am neuen Ort nur jeweils einen Tag später, am 21. Einziger bemerkenswerter Unterschied zum alten Tempel: Er lag näher am Wasser.

in Vergessenheit geraten konnte. Erst der Schweizer Orientreisende Johann Ludwig Burckhardt entdeckte im Jahr 1813 den vom Sand verwehten Tempel wieder. Wie schon bei anderen Expeditionen durch Afrika hatte sich der zum Islam konvertierte Basler Karawanen angeschlossen. Er nannte sich Scheich Ibrahim Ibn Abdulla und sprach fließend Arabisch. An Seilen musste er sich durch eine Spalte in den vom Sand verschütteten Tempel hinablassen; die Ausgrabung überließ er dem Italiener Giovanni Belzoni. Abu Simbel in seiner Pracht sah Burckhardt nicht mehr. Er besuchte, verkleidet als Pilger, als erster Europäer die heilige Stadt Mekka und erlag 1817 einer Krankheit.

Großer Tempel

Die Fassade des Großen Tempels ist neben den Pyramiden von Giza das zweite Wahrzeichen Ägyptens. 20 m hoch erheben sich die vier **Sitzkolosse** vor der 33 m hohen Tempelwand. Die riesigen Köpfe messen von Ohr zu Ohr 4 m. Der erste Koloss von links trägt am deutlichsten die Gesichtszüge Ramses' II. Den Kopf schmücken Doppelkrone, Uräusschlange und Kinnbart. Die Hände des Pharao ruhen auf seinen Oberschenkeln.

Der zweite Koloss hat seinen oberen Teil, der ihm heute zu Füßen liegt, bereits in der Antike verloren, möglicherweise wegen eines Erdbebens oder einer Baupanne, bei der der Fels gesprengt wurde.

Mit nur 4 m Höhe wirken neben den Sitzfiguren die Standfiguren geradezu zwergenhaft. Sie stellen Ramses' Frau Nefertari (2. Koloss rechts), seine Mutter (2. Koloss links) und eine Auswahl seiner angeblich 200 Söhne und Töchter dar. Reisende und Soldaten haben an den Statuen zahlreiche antike Graffiti hinterlassen. An der Südwand erinnert eine Hochzeitsstele an die wohl eher politisch wichtige Eheschließung Ramses' mit der Tochter eines Hethiterkönigs: Ramses thront zwischen zwei Göttern, Brautvater und Braut knien vor Ramses.

Durch das Eingangsportal mit dem falkenköpfigen Sonnengott betritt man die 16 x 17 m messende **Pfeilerhalle**, deren Decken geschmückt sind mit Geiern und in den Seitengängen mit einem Sternenhimmel. Die jeweils 10 m hohen, den Saal stützenden Königsfiguren der rechten Reihe tragen die Doppelkrone von Ober- und Unterägypten, die Figuren links nur die oberägyptische Krone. Die Pfeilerfiguren stellen den König in Gestalt des Gottes Osiris dar.

In den **Reliefs** ist abermals, prominent wie keine andere Gemahlin eines Pharao, Nefertari dargestellt, Ramses' Lieblingsfrau, daneben aber auch eine Tochter Ramses', die er wie so viele seiner Töchter und Enkeltöchter zur Frau nahm – damals ein keineswegs unübliches Verfahren.

Die Wandreliefs, in Dichte und Darstellung meisterlicher als jene aus Abydos und Karnak, zeigen an der rechten Seitenwand Kriegsdarstellungen: die Schlacht von Kadesch und Ramses' II. Sieg über die Hethiter. In gewohnter Manier erschlägt der Gottkönig seine Feinde. Da sieht man auch das ägyptische Heer in Kampfaufstellung, die Soldaten mit Schilden. Im Kampf abgeschlagene Gliedmaßen der Feinde werden gezählt, Kriegsgefangene eingesammelt. Der Held der Szene ist der furchtlose König, der im Streitwagen auf die Linie der Gegner zubrausend seine Kontrahenten gnadenlos tötet.

Ein wenig ruhiger geht es an der linken Seitenwand zu. Da kniet der König vor den Göttern – aber dann ist er schon wieder im Streitwagen gegen die Syrer und Libyer unterwegs, deren Blut er verschwenderisch vergießt. Die Nebenräume der Pfeilerhalle dienten einst als **Schatzkammern** zur Aufbewahrung der immensen Tributzahlungen, die Nubien vorwiegend in Form von Gold an den Pharao zu entrichten hatte.

Die zweite Pfeilerhalle vor dem Allerheiligsten zeigt auf ihren Reliefs religiöse Szenen. Der König bringt u. a. den Göttern Horus und Chnum Opfer dar. Von hier führen drei Türen in drei Kammern des Allerheiligsten mit dem alljährlichen **Lichtspiel** am 21. Februar und 21. Oktober (→ MERIAN-Tipp, S. 76). Die mittlere Kammer durfte nur der König selbst betreten. Überlebensgroß thronen an der Rückwand von links Ptah, Amun-Re, der Pharao (gottgleich!) und Re-Harachte. An den Wänden erkennt man den König, wie er gerade Weihrauch opfert.

Nun geht man zurück zum Ausgang und weiter zum nördlich gelegenen Kleinen Tempel.

Tgl. 9–17 Uhr; Eintritt 60 LE

Kleiner Tempel (Hathor-Tempel)

Schon während seiner Bauzeit war dieser Tempel eine Sensation. Nie zuvor und nie danach wurde einer Gemahlin eines Pharao in so herausragender Weise gehuldigt, wie es an dieser Stelle Ramses II. auf einer Fassade tat. Für den Pharao hatte dieser Tempel eine Doppelfunktion. Er war zum einen der Verehrung **Hathors** gewidmet, der oft kuhohrig dargestellten Göttin der Fruchtbarkeit, der Liebe, der Amme der Könige. Zum anderen errichtete Ramses seiner Lieblingsfrau **Nefertari**, die er mit Hathors Kuh-Kopfschmuck der Göttin gleichstellt, an diesem großartigen Ort das alle Zeiten überdauernde Monument seiner starken, wenn auch nicht lebenslang ungeteilten Liebe.

Nefertari und ihr Mann Ramses II. werden in den sechs **Kolossalstandbildern**, jede 10 m hoch, dargestellt; zu ihren Füßen die gemeinsamen Kinder des Herrscherpaares. Durch das Portal mit Uräusfries über dem Eingang betritt man die **Pfeilerhalle**, deren Decke sechs Säulen tragen. Die erhaltenen Wandreliefs im Inneren des symmetrischen Tempels zeigen die Königsfamilie im täglichen Umgang mit Göttern, vor allem mit Hathor, beim Darbringen von Opfergaben – und, natürlich, Ramses erschlägt wieder Feinde. Er tut es vor den Augen seiner geliebten Nefertari. Was für uns nicht gerade charmant wirkt, stellt eine Einmaligkeit dar: Die Königin darf bei diesem kultischen Akt des Tötens der Gegner dabei sein. Abermals drückt Ramses hier die Bedeutung aus, die er Nefertari beimaß.

Von der Pfeilerhalle führen drei Türen zum **Allerheiligsten**. Die zentrale Darstellung symbolisiert Hathors Schutz, den sie dem Pharao gewährt: In einer Nische steht die Göttin in Kuhgestalt; unter ihrem Kopf Ramses II. An den Seitenwänden opfert eine grazile Nefertari den Göttern, zu deren Gemeinschaft sie für Ramses gehörte.

Tgl. 7–18 Uhr; Eintritt 50 LE

Essen und Trinken

Im Ort gibt es einige kleine Restaurants, darunter das ordentliche **Nubian Oasis**.

Am Abend

Außer dem Spaziergang, dem Getränk im Café oder an der Hotelbar gibt es in Abu Simbel wenig zu tun. Was man allerdings nicht verpassen darf, ist die empfehlenswerte **Sound-&-Light-Show** am Abend (mit Kopfhörer für deutschen Text), die die Tempelfassade mit den Sitzkolossen als Leinwand nutzt (www.sound-light-egypt.com).

Service

Auskunft

Tourist Police Tel. 2 40 02 77

Busse/Servicetaxis

Mehrmals tgl. verbinden Busse und Sammeltaxen Abu Simbel mit Assuan; Fahrt im Polizeikonvoi obligatorisch.

Flüge

Egypt Air bietet je nach Saison mehrmals tgl. Flüge von/nach Kairo und Luxor an (Tel. 32 47 35, 40 03 17).

Von Amun bis Thot

Das kleine pharaonische Götter-Alphabet stellt die wichtigsten Gottheiten der Alten Ägypter vor.

Monotheismus war nicht die Sache der Pharaonen. Nur einer, Echnaton, versuchte den Glauben an einen einzigen Gott, an Aton, zu etablieren. Denn Aton war in Gestalt der Sonne immer gegenwärtig. Die im Reich alles andere als beliebte Ächtung aller anderen Gottheiten dauerte gerade so lange wie Echnatons Leben. 1334 v. Chr. starb der Herrscher und mit ihm der ungeliebte Monotheismus. Die Vielgötterei, der den Alltag jedes Ägypters bestimmende Kult, kehrte zurück. Außer Reichsgöttern gab es im Alten Ägypten noch jede Menge regional verehrter Götter – Katzen und Krokodile inklusive.

Auf einer Erkundungstour durch die großartigen Tempel Oberägyptens begegnet man, in Säulen gehauen, in Malereien verewigt, vielen dieser Götter. Eine kleine Auswahl stellen wir hier zum schnellen Nachschlagen vor. Dem Namen des Gottes folgen jeweils seine Funktion (F) und seine Darstellung (D).

Amun
F: Reichsgott Thebens, Luftgott, Schöpfer der Welt;
D: Menschenkopf, manchmal mit Widderkopf, Krone mit Doppelfeder, in der Hand ein Zepter (langer Rohrstab).

Anubis
F: Schutzpatron der Balsamierer, Gott und Wächter der Nekropolen;
D: Mensch mit Schakal- oder Hundekopf oder großer schwarzer Hund.

Apis
F: Symbol der Fruchtbarkeit, auch ein Totengott;
D: Stier mit Sonnenscheibe, Flecken auf Stirn und Rücken.

Aton
F: Sonnengott;
D: Sonnenscheibe, deren Strahlen als geöffnete Hände enden.

Bastet
F: Göttin der Liebe, der Freude, der Feste, ursprünglich aus Bubastis;
D: Menschengestalt mit Katzen- oder Löwenkopf und einem Körbchen am Arm, später auch als hockende Katze.

Chnum
F: Schöpfergott, der die Menschen auf einer Töpferscheibe formt, Wächter der Nilquellen;
D: Menschengestalt an der Töpferscheibe sitzend, auf dem Widderkopf ein doppelt gedrehtes Horn.

Hathor
F: Mutter- und Himmelsgöttin, Göttin der Liebe, der Freude, des Tanzes, des Weins, Amme der Könige, Herrin der fernen Länder;
D: Menschengestalt, manchmal mit Hörnern und Kuhohren, in der Hand Papyrusrolle; oft auch als Kuh.

Horus
F: Himmels- und Lichtgott mit Sonne und Mond als Augen;
D: Menschengestalt mit Falkenkopf, darauf die Doppelkrone.

Imhotep
F: Zum Gott erhobener Baumeister und Minister König Djosers, Schutzherr der Baumeister, Schreiber, Ärzte;
D: Ernster, meist sitzender Gelehrter mit offener Papyrusrolle auf den Knien.

Isis
F: Muttergöttin, Schwester und Gattin des Osiris, Idealbild der Treue;
D: Menschengestalt, auf dem Kopf zwischen den Kuhhörnern die Sonnenscheibe, in der Hand einen Papyrusstengel mit geöffneter Blüte.

Mut
F: Gemahlin des Amun, personifiziert in der jeweils herrschenden Königin;
D: Menschengestalt mit Geierhaube und/oder Krone.

Osiris
F: Gott der Fruchtbarkeit, später Gott der Unterwelt, Erwecker der Toten;
D: Federkrone auf dem Kopf, in Mumienwickel gehüllt, Bart, in den Händen Zepter und Geißel.

Ptah
F: Schöpfergott von Memphis, Erfinder der Künste, Patron der Handwerker;
D: Kahlköpfige Menschengestalt mit anliegender Kappe, Bart, Zepter.

Re
F: Anfangs die sichtbare Sonne, dann Sonnengott von Heliopolis;
D: Menschengestalt mit Falkenkopf und Sonnenscheibe als Re-Harachte; als Re-Atum in Menschengestalt.

Serapis
F: Zum Osiris gewordener Apis-Stier, entspricht Zeus/Dionysos;
D: Zeusbüste mit Widderhörnern.

Sobek
F: Krokodilgott, Herr der Gewässer;
D: Mensch mit Krokodilkopf.

Thot(h)
F: Eigentlich ein Mondgott, später der Patron des Maßes und der Zeit;
D: Menschengestalt mit Ibiskopf, oft mit Pinsel oder als Pavian abgebildet.

Stelldichein der ägyptischen Götterwelt: Relief im Amun-Re-Tempel von Dakka.

Kreuzfahrt auf dem Nassersee

Vom Sonnendeck mit erfrischendem Pool genießt der Passagier der »MS Eugenie« die Weite des Nassersees, umrahmt von einer kargen und zerklüfteten Küstenlinie.

Tagsüber Kolosse, abends Cocktails und himmlische Ruhe. Die Reise auf dem Nubischen Meer bietet Fjorde, Buchten, Wüsten, vergessene Tempel und eine atemberaubende Ankunft in Abu Simbel.

Gäbe es den ersten Nilkatarakt bei Assuan nicht, dann könnten die Nilschiffe via Schleuse weiterfahren auf den Nassersee. Geht aber nicht mehr, und so muss, wer noch den Nassersee erkunden will, packen und umziehen.

Nach der Nilkreuzfahrt noch eine zweite auf dem Nassersee – macht das Sinn? Durchaus. Die im Stausee teils versunkenen nubischen Monumente lassen sich bequemer nicht erreichen. Die Fahrt auf dem See ist beschaulicher und in punkto Besichtigungen nicht annähernd so anstrengend wie eine Nilkreuzfahrt. Diese Reise ist die wahre Entdeckung der Langsamkeit. Man liegt auf dem Sonnendeck, genießt die wundervolle Landschaft mit Fjorden und Buchten, See und Wüste, hat in Abu Simbel jede Menge Zeit – das ist richtige Entspannung und ein unvergessliches Erlebnis.

Für die Kreuzfahrt auf dem Nassersee, auf den Spuren des Postschiffes nach **Wadi Halfa** (Sudan), gibt es zwei Optionen: Sie fahren die Strecke Assuan–Abu Simbel einfach (Dauer: 3–4 Tage) oder Sie buchen Assuan–Abu Simbel und zurück (7 Tage).

Reiseverlauf

»Tags Kolosse, abends Cocktails und fast immer himmlische Ruhe«, fasste ein Reisender seine Zeit auf dem Nassersee zusammen. Im Detail sieht der Reiseverlauf ungefähr so aus: 1. Tag: Anreise. 2. Tag: Vom Hochdamm des Nassersees über Kalabsha nach Wadi el-Sebua (Tal der Löwen) mit Tempel des Ramses', Dakka- und Maharakka-Tempel. 3. Tag: Fahrt auf dem Nassersee. Festung Kasr Ibrim (kein Landgang), abends Ankunft in Abu Simbel. 4. Tag; Besichtigung von Abu Simbel. 5. Tag: Freier Tag in Abu Simbel. 6. Tag: Tempel von Amada. 7. Tag: Nach Assuan (eventuell Tempel von Kalabsha).

Dass die Kreuzfahrt auf dem Nassersee eine Reise für Nostalgiker und begeisterte Kreuzfahrtfans ist, sieht man daran, dass nur ein halbes Dutzend Schiffe auf dem See verkehren. Die »MS Eugenie« sowie die »MS Kasr Ibrim«, luxuriöse Belle-Époque-Schiffe mit gediegen-stilvoll möblierten Kabinen, waren die beiden ersten. Mit besonderer Eleganz wurden Salons, Restaurants, Bars und Foyers samt Konzertflügel gestaltet. Stilvoller kann man kaum reisen.

Zu den Besichtigungen geht es in Beibooten, wegen der Erläuterungen meist in nach Nationalitäten gesammelten Gruppen.

Nassersee-Schiffe

Die beiden Schiffe »MS Eugenie« sowie »MS Kasr Ibrim« (→ MERIAN-Tipp, S. 84) sind auch bei Pauschalveranstaltern im Programm. Drei weitere, weniger luxuriöse Nassersee-Schiffe sind die »MS Nubian Sea«, die »MS Tania« und die »Prince Abbas«, alle bei Pauschalanbietern im Angebot. Die »Nubian Sea« (86 m lang) hat auf drei Decks 66 Außenkabinen (ca. 22 qm; keine Balkone), die kleine »MS Tania« (56 m lang) auf vier Decks nur 28 Ka-

MERIAN-Tipp

7 »MS Eugenie«

Die als Dampfschiff im Jahr 1993 gebaute **Eugenie** (Länge 74 m) bietet 52 komfortabel und großzügig ausgestattete Kabinen (auf dem Oberdeck mit Balkon), zwei Luxussuiten (100 und 42 qm), hat Sauna, Dampfbad und Fitnessraum. Stil ist hier eine Selbstverständlichkeit. Man diniert bei Kerzenschein, sportlich-elegant gekleidet. Das Schwesterschiff **Kasr Ibrim** (79 m lang) hat 55 Kabinen (22,75 qm, teils mit Balkon) und zehn Suiten (29–140 qm, alle mit Jacuzzi).

Info & Buchung Eugenie und Kasr Ibrim: Belle Époque Travel Bureau, 17 Tunis St., Kairo-Maadi; Tel. 00 20/ 2/16 96 93, 5 16 96 53/54/56; www.eugenie.com.eg, www.kasribrim.com.eg

binen (11–12 qm; keine Balkone). Das jüngste Schiff auf dem See ist die »Prince Abbas« mit 60 Kabinen (18–21 qm) und Suiten auf drei Decks.

Hotels/andere Unterkünfte

→ Assuan, S. 63
→ Abu Simbel, S. 76

Versunkenes Nubien

Hat man mit dem Schiff vom Damm abgelegt, macht die bezaubernde Fahrt leicht vergessen, dass unter dem Wasser, das im Kontrast der Wüste ein so großartiges Farbenspiel abgibt, ein halbes Reich versunken ist: der Norden Nubiens, Heimat der Nubier, weggespült vom Nassersee.

In Assuan haben Sie diese dunkelhäutigen, von Natur aus sehr freundlichen Menschen bereits kennen gelernt. Ihre Erscheinung, feine Züge, groß gewachsen, wird mit dem Begriff nilotisch beschrieben. Denn die Nubier ähneln mehr den nilansässigen Afrikanern, wie beispielsweise den Äthiopiern des Blauen Nils, als den Subsahara-Afrikanern.

Der Nationalstolz der Nubier hat seine Wurzeln in der Geschichte Nubiens, die vom offiziellen Ägypten gerne heruntergespielt wird. Nubien war das Land zwischen Assuan und Khartoum (Sudan). Im Alten Ägypten hieß Nubien Ta-Seti, das Land des Bogens, die von Nubiern bevorzugte, meisterlich gefertigte und benutzte Waffe. Der heutige Name Nubien stammt vom alten ägyptischen Wort für Gold, Nubiens wertvollsten Bodenschatz, der auch der Grund für die Pharaonen war, den südlichen Nachbarn zu unterwerfen, zu beherrschen, mal mehr, mal weniger locker zu annektieren.

Nur zu gerne vergessen die Ägypter heute aber die 100 Jahre währende Ära, als die **Schwarzen Pharaonen** aus dem Reich Kusch (heutiges südliches Ägypten und Nordsudan) die Pharaonen bezwangen. Wie die Ägypter errichteten sie sogar Pyramiden, die in den erhaltenen Teilen auf sudanesischem Territorium bis heute zu besichtigen sind. Von Herodot wegen ihrer dunklen Hautfarbe als äthiopische Könige beschrieben, hatten die Schwarzen Pharaonen im 8. Jh. Ägyptens Schwäche nach dem Ende der Ramessidenzeit zur Eroberung genutzt. Es war Zeit für Rache. Auch in der Darstellung in Tempeln, ausgeführt von ägyptischen Künstlern, änderte sich das Nubierbild: Er war nicht mehr der Schwarze, der demütig kniete, vom Pharao erschlagen wurde. Jetzt standen die nubischen Herrscher aufrecht, und die Ägypter knieten. Der folgende lange Frieden und die 25. Dynastie endeten 656 v. Chr., als Assyrer die Macht an sich rissen und die immer weiter nach Süden vertriebenen Schwarzen Pharaonen sogar Teile ihres ursprünglichen Reichsgebietes von Kusch einbüßten.

Eines der vielen umgesetzten nubischen Dörfer. Fast alle Angehörigen dieser Volksgruppe mussten nach dem Bau des Staudamms ihre alte Heimat verlassen.

Nach einer kurzen Epoche der Christianisierung Nubiens setzte Ägypten ab dem 13. Jh. den Islam durch. Der letzte christliche König Nubiens wurde 1315 durch einen Herrscher moslemischen Glaubens ersetzt; entsprechend konvertierte ein Großteil der Bevölkerung. 1899 wurde dann die ägyptisch-sudanesische Grenze von Briten und Ägyptern 40 km nördlich von Wadi Halfa gezogen – es ist die bis heute gültige, Nubien teilende Grenze.

Die Auswirkungen der nubischen Geschichte reichen bis ins moderne Ägypten. Nubier, die häufig als Hausmeister, Taxifahrer und kleine Angestellte arbeiten, sind in Schlüsselpositionen in Ägypten fast nicht zu finden. Ehen zwischen Ägyptern und Nubiern kommen so gut wie gar nicht vor. Die Nubier sprechen sowohl Arabisch als auch ihre eigene Sprache, das Nubische; in den Kriegen gegen Israel wurde es im Funkverkehr benutzt.

Toshka und der Nassersee

Der Nassersee (arabisch Buhairat an-Nasir), das Nubische Meer, ist 550 km lang, seine Breite schwankt zwischen 5 und 20 km – macht 5250 qkm, von der Fläche knapp zehnmal der Bodensee. Das Wasservolumen beträgt im Schnitt 135 Mio. Kubikmeter, erreichte 1996 den bisherigen Maximalwert von 157 Mio. Kubikmetern.

Dieser Höchstpegelstand ermutigte Ägypten zu einem tollkühnen Projekt nahe dem Nassersee: Toshka, 1996 initiiert von Präsident Mubarak, zur Sicherung der Zukunft Ägyptens. Toshka, so sagen Kritiker, ist Mubaraks »Große Pyramide«. In der Tat ist Toshka eine der größten Unternehmungen seit dem Bau der Pyramiden. Ein mehrere 100 km langer Kanal soll aus versteppter Wüste und Einöde ein zweites fruchtbares Nildelta machen sowie zwei Dutzend neue Städte, Lebensraum für hunderttausende Menschen, schaffen.

Neben dem von Assuan bis zum Mittelmeer 1200 km langen Nil soll der neue Kanal Ägyptens zweite Lebensader werden und die Reis- und Weizenfelder im tropischen Süden zum Blühen bringen. 26 Pumpstationen sollen jährlich 2,3 Mrd. Kubikmeter Wasser aus dem See durch den Kanal bis zu den Oasen El Kharga und El Dakhla in der westlichen Libyschen Wüste leiten. Schon in naher Zukunft würden die ersten Fellachen Obst und Gemüse anbauen können, wo heute kaum ein Halm wächst. Die Baukosten werden auf 30 Mrd. Dollar geschätzt.

Damit verbindet sich Ägyptens Hoffnung, seine wirtschaftliche Not im 21. Jh. in den Griff zu bekommen. Von der »Brücke zur glorreichen Zukunft Ägyptens« sprach Mubarak beim ersten Spatenstich, genauer: einem Knopfdruck, der eine Dynamitladung auslöste. Denn mit Spaten ist in dem felsigen Sandstein wenig zu bewegen. Ehe der erste TNT-Donner echolos in der Weite verhallt war, rückten Bulldozer, Raupen, Arbeiter und Sprengmeister an, um der Wüste 4200 qkm Ackerland abzutrotzen, die fünfeinhalbfache Fläche Hamburgs.

Zur Erinnerung: Etwas mehr als 1 Mio. qkm beträgt die Gesamtfläche Ägyptens, doch nur knapp 4 %, das sind 40 000 qkm, sind kultivierbar. 96 % Wüste liegen brach. Mit einer Bevölkerung von 72 Mio., die in der Mehrzahl unter dem Existenzminimum lebt, ist Ägypten eines der bevölkerungsreichsten Länder der Erde.

Beinahe wirkungslos blieb der jahrelange Versuch der Regierung, sowohl Geburtenkontrolle als auch die Zwei-Kind-Familie zu propagieren. Da der Nachwuchs die einzige Rentenversicherung darstellt, werden weiterhin Kinder geboren, von denen niemand genau weiß, wie sie morgen noch ernährt werden können. Bedenkt man das, dann stellt das Toshka-Projekt den ehrgeizigen und nur logischen Versuch dar, diesen Teufelskreis zu durchbrechen. Da die Bevölkerungszahl weiter stetig steigt und Kulturland nicht von selbst wächst, muss

Fluch oder Segen? Der 1971 fertig gestellte Assuan-Staudamm gilt als technisches Meisterwerk. Die ökologischen Folgen werden jedoch kontrovers diskutiert.

eben neues Land gewonnen werden – der moderne Lockruf der Wüste.

Doch viele Kritiker fürchten, dass Toshka ein schöner Traum ist, der sich in der Realität zum Albtraum wandelt. Sie argumentieren:

– Wasser in die Wüste zu pumpen verwandelt noch nicht automatisch Sand in Ackerland. Dünger und Humus, die mit dem Sand vermischt werden müssen, bringen erst nach Jahrzehnten fruchtbaren Boden hervor. Kosten unbekannt.

– Der für die 26 Pumpwerke benötigte Strom mache den Ertrag möglicherweise unrentabel.

– Schon jetzt entnimmt Ägypten dem Nil mehr Wasser, als es seinem jährlich zustehenden Anteil von 55,5 Mio. Kubikmetern entspricht, wie es in den Verträgen mit den anderen Nilanrainerstaaten, u. a. Sudan und Äthiopien, geregelt ist. Wird der Sudan, der selbst einen 170 km langen Stausee errichtet, im Kampf um das blaue Gold tolerieren, dass Ägypten jährlich weitere 2,3 Mrd. Kubikmeter in das Toshka-Projekt abzweigt?

– Die Berechnungen für das benötigte Wasser gingen von Jahren großer Nilfluten aus, wie eben 1996, als die Idee zu Toshka geboren wurde. Solche Fluten kämen, prophezeien Kritiker, allerdings nur vier- bis fünfmal pro Jahrhundert vor. »In mageren Jahren«, so ein deutscher Landwirtschaftsexperte in Kairo, »kann es passieren, dass Toshka dem nördlichen Niltal und dem Nildelta das Wasser abgräbt. Schon jetzt bildet sich das Nildelta aus Wassermangel stetig zurück, frisst das Mittelmeer wertvolles Agrarland.«

Toshka – Fluch oder Segen? Wer weiß. So oder so wird Präsident Mubarak mit seiner Eröffnungsrede Recht behalten: »Wir blicken auf ein gigantisches nationales Projekt«, sagte er beschwörend mit arabischem Pathos, »das unser aller Leben verändern wird ... Ich bete zu Gott dem Allmächtigen, uns zu leiten.«

SEHENSWERTES

Kalabsha → S. 72, C 6

Je nach Schiff findet die Besichtigung auf der Hin- oder der Rückfahrt statt (Beschreibung → S. 71). Von Kalabsha bis zum Halt in Wadi el Sebua braucht das Schiff neun bis zehn Stunden.

Wadi el Sebua → S. 72, B 7

Die drei Tempel von Wadi el Sebua wurden Mitte der Sechzigerjahre umquartiert, sie waren ursprünglich von einer hohen Ziegelmauer umgeben. Der Name bedeutet übersetzt »Tal der Löwen«, abgeleitet von der Sphingenallee vor dem Tempel Ramses' II., wobei jeder Sphinx die Doppelkrone Ober- und Unterägyptens trägt.

Tgl. 9–17 Uhr; Eintritt 20 LE

Ramses-Tempel

Setau, Königssohn, Wesir und Vorsteher der südlichen Länder, kurz Ramses' Statthalter im Reich Kusch, gab um 1220 v. Chr. den Auftrag zu diesem Tempel für seinen Herrscher und ließ libysche Kriegsgefangene als Bauarbeiter einsetzen. Eine Ziegelmauer (35 x 80 m) umlief den Tempel.

Die **Kolossalstatue Ramses'**, die den 20 m hohen Eingangspylon einst dominierte, ist nur mehr in Fragmenten erhalten. An den Wänden sangen die Künstler das Hohelied auf ihren Pharao, der, von Amun-Re und Re-Harachte beobachtet, Feinde zerschmettert.

Sphingen im zweiten Hof beschützten zwischen ihren Pranken stehende Ramses-Statuen. Inschriften berichten von Ramses' Sehnsucht nach ewigem Leben und dem Sed-Fest, einem Jubiläums- oder Erneuerungsfest, das dazu diente, die körperliche Tauglichkeit des Pharao zu bestätigen. Mit dem Sed-Fest sollte die physische und magische Kraft des Pharao rituell erneuert und verjüngt werden. Das Sed-Fest fand anlässlich des 30. Regierungsjubiläums des Pharao statt und wurde anschließend im Drei-Jahres-Rhythmus wiederholt. Ramses II. feierte über ein Dutzend Sed-Feste, wie an anderer Stelle eine Inschrift aus dem Munde des Gottes Ptah verkündet.

Nach dem zweiten Hof erreicht man über Stufen die **Pfeilerhalle** mit Altar, zuletzt als koptische Kirche genutzt, im Weiteren den Quersaal mit dem **Allerheiligsten**. Die mittlere Kapelle, flankiert von zwei schmalen Kapellen, beherbergte die göttliche Bar-

Bis heute sind die Tempelanlagen von Amada auf dem Landweg nicht zu erreichen.

ke. Hier standen Statuen der Götter. Als merkwürdiges Relikt der Kirchennutzung durch Kopten sind Teile einer Petrusdarstellung erhalten, der Ramses nun zu opfern scheint. Frühe Christen hatten wie üblich auch hier die heidnischen Götzendarstellungen mit opulenten Heiligendarstellungen überdeckt. An den freigelegten Wänden sieht man Ramses weitere Opfer darbringen: Blumen für die Barken Re-Harachtes und Amuns.

Tempel von Dakka

Dakka stand ursprünglich 40 km nördlich und wurde ab 220 v. Chr. vom nubischen König Ergamenes (Arkamani) als Kapelle für Gott Thot errichtet. Die ägyptischen Könige Ptolemäus IV. und Ptolemäus VIII. sowie römische Kaiser erweiterten den Bau, fügten Pylon und Allerheiligstes hinzu.

Dakka ist der einzige nubische Tempel mit nach Norden ausgerichteter Fassade. An den **Tortürmen** des 12 m hohen Pylon erkennt man die Rillen für die Befestigung von Flaggen. Über dem Eingang ist die Sonnenscheibe zu sehen. Zum Dach und kleinen Räumen führen Stufen; wenn geöffnet, ein lohnender Weg.

Im Durchgang erkennt man den König, der den Göttern Opfer bringt. In der anschließenden Vorhalle zeigt sich der Pharao inmitten der in Dakka verehrten Götter. Auf den **Ergamenes-Saal** (Darstellung von Löwen, Ibissen, einem betenden Pavian) folgt das **Allerheiligste** in Doppelform, eins von Ergamenes, eins von Kaiser Augustus errichtet. Die schlichten, aber schönen Reliefs zeigen den römischen Kaiser in Pharao-Kleidern beim Opfergottesdienst. Der Gott Thot erscheint in Paviangestalt, mit Federkopfschmuck Anqet, die Göttin von Assuan, mit Löwenkopf Sekhmet.

Bei der Umsetzung des Tempels wurde entdeckt, dass für den Bau Steinblöcke eines Tempels von Hatschepsut und Thutmosis III. verwendet worden waren.

Maharraka-Tempel

Der kleinste Tempel von Sebua, in römischer Zeit Serapis und Isis zu Ehren errichtet, stand ursprünglich 81 km südlich und ist nicht sehr aufregend. Unvollendet, teils zerstört – das ist die kurze Geschichte. Interessant ist in der Ecke die einzige bekannte Wendeltreppe in einem nubischen Tempel.

Gut zwei Stunden dauert die Weiterreise bis Amada.

Amada S. 72, B 7

Nur per Kreuzfahrtschiff kann diese Sehenswürdigkeit rund 200 km südlich von Assuan erreicht werden. Zwei Tempel und ein Grab wurden bei der großen Umquartierung der nubischen Monumente hierher versetzt. Im Gegensatz zu anderen Monumenten konnte Amada wegen seines brüchigen Steins nicht zersägt und an anderer Stelle Stein für Stein wieder aufgebaut werden. Die Anlage musste 1964/65 in seiner Gänze in ein Korsett gepackt und auf Schienen in 2,6 km Entfernung östlich auf ein 65 m höher gelegenes Plateau geschoben werden; der Umzug dauerte Monate.

Amada, von Thutmosis III. und Amenophis II. in der 18. Dynastie erbaut, gilt als ältestes erhaltenes Heiligtum des Nassersees. Es lag im fruchtbarsten Teil Nubiens. Der Felsentempel ist Amun-Re und Re-Harachte geweiht und beherbergt einige großartige **nubische Reliefs**, gleichzeitig aber auch einige, die offenbar von wenig talentierten Künstlern in minderer Qualität angelegt wurden.

Der technisch gute Zustand vieler Reliefs ist frühchristlichen Bilderstürmern zu verdanken, die den Tempel zwar mit Kuppeln und Heiligenbildern zur Kirche umgestalteten, aber durch großflächiges Übergipsen und Übermalen der Wände Inschriften und Reliefs unfreiwillig konservierten.

Das Portal ist verziert mit Darstellungen von Thutmosis III. (rechts) und Amenophis II. (links). Die Inschrift der nördlichen Stele beschreibt den ge-

Frühe Christen zerstörten im nubischen Felstempel von El-Derr viele Reliefs.

scheiterten Versuch Libyens, im 13. Jh. v. Chr. Ägypten unter dem Nachfolger Ramses' II. zu erobern.

Die folgende Pfeilerhalle, ursprünglich ein Hof, hatte erst Thutmosis IV. mit Seitenwänden, zwölf Säulen und Dach umgewandelt. Die Wände zeigen in einst prachtvollen Bildern die Unterwerfung Nubiens.

Vom zweiten Pfeilersaal, rechts der opfernde Ramses II., gelangt man zu den drei Kapellen, deren mittlere als Allerheiligstes nur den Hohepriestern zugänglich war. Zu erkennen ist der Pharao, der den Göttern Amun und Re-Harachte in ihrer Sonnenbarke Wein opfert.

Auf der so genannten **Amada-Stele** wird der Feldzug nach Palästina und Vorderasien geschildert und von der Gefangennahme syrischer Rebellen und Fürsten 1424 v. Chr. berichtet, die Amenophis II. an den Mauern der thebanischen Tempel aufknöpfen ließ. Ein Gefangener wurde allen zur Warnung an einem durch Nubien segelnden Schiffsbug aufgehängt.

Tgl. 9–17 Uhr; Eintritt 20 LE

Tempel von El-Derr

Als einer von wenigen nubischen Tempeln lag El-Derr vor der Umsetzung 1964 am östlichen Nilufer. Bauherr Ramses II. hatte ihn sich selbst, dem Sonnengott Re-Harachte, Amun und Ptah geweiht. Die alten Ägypter nannten ihn »Tempel des Ramses im Hause des Re«. Frühe Christen zerstörten viele Reliefs und konservierten andere beim Übermalen mit Heiligengestalten. Vom ursprünglichen Pylon ist nichts geblieben.

Die **Reliefs** von Pharao Ramses II. sind teils gut erhalten und lebendig, so in der Pfeilerhalle. Gottgleich wird Ramses verehrt. Er tötet seine Widersacher, unterwirft Nubier, sein zahmer Lieblingslöwe schnappt einen Feind, und Re-Harachte und Amun-Re finden göttliches Wohlgefallen.

Vom zweiten Pfeilersaal gelangt man ins Allerheiligste mit seinen drei Kapellen. In der mittleren sieht man in Malereien Priester die göttliche Barke tragen. Hier saßen einst vier aus dem Fels geformte Statuen, die gleichen Götterbilder wie in der Götterkapelle von Abu Simbel: Amun-Re, Ptah, Ramses II. und Re-Harachte.

Ein **Felsgrab** gehörte Pennut, unter Ramses VI. Verwalter von Nubien. Auf den wenigen nicht zerstörten Reliefs ergibt sich Pennut in Ehrerweisungen gegenüber seinem Herrscher.

Knapp drei Stunden braucht das Schiff von Amada nach Kasr Ibrim.

Tgl. 9–17 Uhr; Eintritt 20 LE

Kasr Ibrim

Vor der Flutung des Hochdamms stand Kasr Ibrim 70 m hoch über dem Ostufer des Nils. Das letzte Monument vor Abu Simbel, nachweislich erstmals um 1000 v. Chr. erwähnt, ist wegen seiner Baufälligkeit nicht zugänglich; man kann es lediglich vom Schiff aus betrachten; das soll sich nach umfangreichen Restaurationsarbeiten oder einer Umsetzung nach Sebua in den kommenden Jahren wieder ändern (einen Tempelschrein aus der Zeit des Kusch-Reiches bewahrt das Nubische Museum in Assuan).

Kasr (auch: Qasr) ist das arabische Wort für Festung, Burg. Vermutlich entstand Kasr Ibrim während der 12. Dynastie, als die Pharaonen entlang des Nils Handelsrouten mit Rastplätzen für Karawanen gründeten, und beherbergte sechs Tempel. Wegen seiner exponierten Lage und der daraus resultierenden strategischen Bedeutung war das Fort durch die Jahrhunderte häufig umkämpft.

Als Ägypten römische Provinz und Assuan Garnison wurde, griffen die Nubier Assuan an, eroberten es kurzzeitig, wurden aber bald von Römern südlich von Kasr Ibrim zurückgedrängt, das jene zu ihrem Grenzposten machen wollten. Nach neuerlichen nubischen Angriffen gaben die Römer Kasr Ibrim im Rahmen eines Friedensvertrages mit den Nubiern auf.

Religiöse Bedeutung hatte Kasr Ibrim während und auch nach der pharaonischen Epoche Ägyptens. Der Ort war Hathor und Horus geweiht, und als alle anderen Tempel unter christlichem Einfluss geschlossen oder in Kirchen umgewandelt worden waren, wurden in Kasr Ibrim noch die alten ägyptischen Götter angebetet. Der römische Kaiser Theodosius I. hatte diese Kulte im Jahr 390 verbieten lassen.

Später wurde auch der Tempel des Königs Taharqo zu einer christlichen Kirche und der Isis-Tempel völlig zerstört. An seiner Stelle errichtete man aus Tempel-Steinblöcken im 7. Jh. eine der Jungfrau Maria geweihte Kirche, Kasr Ibrim wurde zum Bischofssitz und Pilgerziel. In der nördlichen Krypta der Kirche fand sich das unversehrte Grab von Bischof Timotheos, samt der Ernennungsurkunde des Patriarchen von Alexandria von 1372.

Von Kasr Ibrim nach Abu Simbel dauert es drei bis vier Stunden.

Tgl. 9–17 Uhr; Eintritt 20 LE

Abu Simbel → S. 72, A 8

Auf den meisten Schiffen wird das Dinner nach dem Sundowner, klassischerweise Gin-Tonic, vor dem großartig illuminierten Abu Simbel an Deck serviert (Details zu Abu Simbel → S. 75).

MERIAN-Tipp

8 Angeln im Nassersee

Der Nassersee birgt einen riesigen Bestand an Nilbarschen mit einer Normalgröße von gut 20 kg. Auch Exemplare von 100 kg werden regelmäßig gefangen. Man kann vom Ufer mit einer Spinnrute angeln, aber nur vom Boot aus erwischt man die ganz großen Barsche.

Buchung: Lake Nasser Adventure; Mobil-Tel. 0 12/1 04 02 55 , Tel. 0 12/ 3 50 38 25, Fax 0 97/2 32 36 36; www.lakenasseradventure.com; Andrees Angelreisen, Schöne Aussicht 21, 65523 Niedernhausen; Tel. 0 61 27/ 80 11, Fax 76 78; auf der Internetseite sehen Sie u. a. Fotos der Fangerfolge von Barschfischern (www.andrees-angelreisen.de/aegypten/index.htm)

Von Ziehbrunnen und Wasserbüffeln

Man sieht es im Vorbeifahren: Ägyptens Bauern bestellen ihre Felder wie zu pharaonischen Zeiten.

Das Bauernhaus liegt am Stadtrand von Luxor, etwas unterhalb der Straße zum Flughafen. Ein Wasserbüffel, der tagsüber auf dem Acker den Pflug zieht, treibt ab dem späten Nachmittag im Kreis laufend das Brunnenrad an. Neben dem Lehmhaus warten ein paar Milchkühe aufs Melken, Hühner picken vom Boden.

Das ist die kleine Welt von Said, dem Fellachen, verheiratet mit zwei Frauen, Vater von neun Kindern, fünf Jungs und vier Mädchen – Saids Familie, mehr noch sein Familienbetrieb. Alle arbeiten fleißig auf dem Bauernhof mit, weil Said sich Arbeiter nicht leisten könnte. Schulpflicht ist ein Luxus, den Said nur den beiden ältesten Söhnen gönnt.

Mehr als 75 % der Ägypter sind wie Said Bauern. Fellachen (von arabisch »fallah«, »Pflüger«) werden sie genannt, und im Schnitt besteht die ägyptische Bauernfamilie nach einer neueren Studie aus 7,5 Personen.

Dass Ägypten ein ausgeprägter Agrarstaat ist, dazu genügt schon ein Blick ins nationale Werbefernsehen. Für Tee und Waschmittel, Seifen und Erdnüsse werben wie bei uns zielgruppengerecht Hausfrauenmodels, bevorzugt aber auch Bauern- und Bäuerinnendarsteller in traditioneller Kleidung, also in der Galabaya, dem Kleidrock, für ihre Produkte. Das weißeste Weiß – die Wäscheleine spannt sich im ägyptischen Fernsehen über ein Grundstück wie das von Bauer Said, Wasserbüffel und Brunnen sind im Hintergrund zu sehen.

Die von den Großstädtern oft spöttisch belächelten Fellachen sind stolze Menschen. Sie wissen um ihre Rolle als Ernährer des Landes, die mit der ungebremst wachsenden Bevölkerung immer wichtiger wird. In Form der beliebten Oberägypter-Witze mit liebevoller Leidenschaft geschmäht, stehen die Fellachen den Errungenschaften der Moderne weitgehend skeptisch gegenüber und halten unbeirrt an ihren Traditionen fest. Das gilt für den Lebensstil ebenso wie für die Arbeitsweise.

Ochsengespann und Eselskarren

Soziale Kontakte (z. B. in Form einer arrangierten Heirat) sind nur innerhalb des Standes üblich. Zwischen Familienclans werden Freundschaften wie Feindschaften über Generationen hinweg gepflegt, Blutrache inklusive. Die Polygamie ist im Bauernstand weit verbreitet, da Ehefrauen und Kinder angesichts der schwierigen finanziellen Lage der Fellachen die billigsten und belastbarsten Arbeitskräfte darstellen. Ackerbau betreiben die meisten Fellachen wie ihre pharaonischen Vorfahren. Wie vor tausenden Jahren benutzen sie den »shafud«, eine Art Ziehbrunnen, zur Berieselung ihrer Felder.

Geändert hat sich gegenüber damals lediglich der Rhythmus des Nils. Durch den Bau des Assuan-Staudamms ist nun ein ganzjähriger Ackerbau mit bis zu drei und mehr Ernten möglich, weil es zu keinen Nilüberschwemmungen mehr kommt. Das Ochsengespann und der Eselskarren wurden bisher nur in geringem Umfang von nahezu unerschwinglichen Traktoren und Maschinen verdrängt. Nur wenige Fellachen willigen ein, sich zu modern ausgestatteten Kooperativen zusammenzuschließen.

Mit den unzähligen Besatzern und Fremden in Ägypten pflegten die Fellachen in all den Jahrtausenden nie engeren Kontakt. Man blieb unter sich, und so gelten die Fellachen heute als die echten Nachkommen der pharaonischen Ägypter.

Bis zur Revolution 1952 gehörte das urbare Land wenigen Reichen. Die Fellachen wurden von den Paschas wie Leibeigene gehalten. Mit der Enteignung der Großgrundbesitzer bekamen sie zwar ihr eigenes Land, doch alle Agrarreformen blieben bislang Stückwerk. Die Folgen sind gravierend. Überfällig ist bis heute eine Flurbereinigung, die der Kleinfelderwirtschaft ein Ende setzt und ertragreichere Anbauformen ermöglicht.

In einem volkswirtschaftlich geradezu gefährlichen Ausmaß werden die Fellachen auch von einer Krankheit bedroht: Bilharziose. Der in den Nilkanälen heimische Bilharz-Wurm, Volksleiden Nummer eins, verursacht pathologische Ermüdungserscheinungen und anhaltende Schwächezustände; eine mögliche medikamentöse Behandlung scheitert in den meisten Fällen an der von der Regierung vernachlässigten medizinischen Versorgung. Liegen die Fellachen dann trotz aller Arbeit oft scheinbar faul im Feld zum Nickerchen, hat das oft mehr mit den Folgen der Bilharziose als mit Bauernromantik zu tun.

Seit Jahrtausenden bewirtschaften Fellachen ihre Felder mit dem Gespann.

Nach Kairo und ans Rote Meer

Ideal für Badeurlauber und Erholungsbedürftige: Hurghada am Roten Meer mit seinen weißen Sandstränden, riesigen Pool-Landschaften und faszinierenden Tauchgründen.

Die Reise geht weiter! Es gibt noch viel zu sehen in Ägypten: Kairo lockt mit Pyramiden, Sphinx, Museen und Moscheen, das Rote Meer mit den Traumstränden von Hurghada und Sharm el-Sheikh.

Kairo und Giza

Kairos Chaos ist sprichwörtlich. Was soll's? Tauchen Sie ein in die aufregendste Stadt des Orients.

Kairo ist eine Stadt der tausend Minarette, doch die Zahl der Hochhaustürme steht dem in nichts nach. Blick von der Zitadelle über die Metropole am Nil.

Kairo

21 Mio. Einwohner
Stadtplan → S. 102/103
Vorwahl: 02

El-Qahira heißt Kairo im Arabischen, – die Siegreiche. Bisher blieb die Stadt, die alles tut, um sich selbst matt zu setzen, tatsächlich unbesiegt. Es gibt Schätzungen, nach denen täglich 2000 Landbewohner in Kairo eine neue Bleibe suchen. Mit diesem ungebrochenen Zustrom wird die Metropole auf ihre eigene Art fertig: Es gibt Viertel mit 120 000 Einwohnern pro qkm – da besiedeln dann eben Zehntausende, wenn es nicht anders geht, mal eben einen Friedhof.

3000 v. Chr. existierte an der Stelle des heutigen Kairo ein Kampfplatz am Nil. »Chere-ohe« hieß er, dann benannten die Perser diesen Platz »Babylon« (nicht zu verwechseln mit dem Babylon am Euphrat), und die Griechen wählten den Namen »Kerkassoros«. Die entscheidende Stadtgeschichte begann 641 n. Chr. mit dem arabischen Feldherrn Ibn el-As, der Ägypten eroberte und sowohl arabisierte als auch islamisierte. Nach langer Belagerung nahmen seine Soldaten die Stadt ein und gründeten daneben »El-Fustat«, das Zeltlager. In den folgenden Jahrhunderten erweiterten Statthalter die Siedlung. Den heutigen Namen »El-Qahira« erwählten im 10. Jh. die Fatimiden. Als sie den Ort eroberten, überquerte ihn gerade der Mars (arabisch »El-Qahira«).

In der Folgezeit blieb Kairo stets die Machtzentrale der Herrscher Ägyptens. Unter türkischer Herrschaft verloren Ägypten und somit Kairo jede Bedeutung. Im 19. Jh. modernisierten europäische Architekten die Stadt, erbauten eine Oper und erschlossen jenseits der Nilinseln das Westufer.

Für viele Besucher ist Kairo gleichbedeutend mit Chaos. Dem Fremden kann man nur einen Rat geben: In der Ruhe liegt die Kraft – es gilt eine wunderbare Stadt zu entdecken!

Hotels/andere Unterkünfte

Grand Hyatt → S. 103, b 4
Luxus pur mit wunderbarem Blick über Kairo. Im Shopping-Annex kann man exzellent einkaufen, im Drehrestaurant gut und noch teurer speisen.
Corniche el-Nil, Garden City; Tel. 3 65 12 34, Fax 3 62 19 27; www.cairo.grandhyatt.com; 714 Zimmer ●●●● CREDIT

Marriott Hotel → S. 102, b 2
Das Hotel ist rund um einen ehemaligen Palast am Nil untergebracht. Sehr schöne Restaurants plus Gartencafé.
Saray el-Gezira, Zamalek; Tel. 7 35 88 88, Fax 7 35 66 67; www.marriott.com; 428 Zimmer ●●●● CREDIT

Mena House Oberoi
→ S. 103, westl. a 6
Eine Legende: Kein Hotel liegt dichter an den Pyramiden. Einst wohnte hier viel Prominenz – Charlie Chaplin, Richard Nixon, Winston Churchill ...
Pyramids Road, Giza; Tel. 3 83 32 22, Fax 3 83 77 77; www.oberoihotels.com; 523 Zimmer ●●●● CREDIT

Mövenpick Resort Cairo-Pyramids
→ S. 103, südwestl. a 6
Drei Autominuten von den Pyramiden entfernt, geräumige Bungalows, sehr angenehme Atmosphäre.
Alexandria Road, Giza, Pyramids; Tel. 3 85 25 55, Fax 3 83 50 06; www.moevenpickhotels.com; 240 Zimmer ●●●● CREDIT

Longchamps → S. 102, b 2
Reisende schwärmen von den lauschigen Terrassen und der familiären Atmosphäre in diesem Haus mitten im Zentrum; deutsche Besitzerin.
21, Ismail Mohamed St., Zamalek; Tel. 7 35 23 11, Fax 7 35 96 44; www.hotellongchamps.com; 22 Zimmer ●● MASTER VISA

Sehenswertes

Museen und Sehenswürdigkeiten sind in der Regel von 9 bis 16 Uhr geöffnet, freitags während des wichtigsten Wochengebetes wird meistens von 11 bis 13.30 Uhr geschlossen.

Al-Azhar-Moschee und Universität

→ S. 102, f 3

Gegenüber dem Basar Khan el-Khalili wurde im Jahr 972 die **Blühende Moschee** eingeweiht. 16 Jahre später ernannte der Kalif El-Aziz die Moschee offiziell zur Universität. Einer juristischen Fakultät folgte bald eine theologische, die noch heute den Anspruch erhebt, die oberste Instanz für die Auslegung des Koran zu sein.

Durch das **Tor der Barbiere** betritt man die Moschee mit ihren fünf Minaretten und gelangt in den 90 x 40 m weiten, von Arkaden umgebenen Hof. Von dort kommt man in den riesigen Gebetsraum (über 3000 qm) mit neun Schiffen. Ein Meisterwerk stellt der Mihrab dar, einer der ältesten, wenn nicht der älteste Ägyptens.

Al-Azhar-Park

→ S. 102, f 3

Entspannung bietet dieser neue Park, der sich an der Stadtmauer erstreckt (30 ha). Zur grünen Lunge der Altstadt gehören ein kleiner See, ein Spielplatz sowie eine Cafeteria mit Restaurant auf einer kleinen Anhöhe. Zugang nur über die nahe Sh. Salah Salem.

Tgl. 10–21 Uhr; Eintritt 10 LE

Cairo Tower

→ S. 102, b 3

Der 187 m hohe Turm ist das Wahrzeichen des modernen Kairo. Bei klarem Wetter sieht man sogar die Pyramiden von Giza, de facto also fast nie.

»El Burg«, Gezira; Eintritt 70 LE

Ibn-Tulun-Moschee

→ S. 103, d 4

Im 9. Jh. entstand diese Moschee, die sowohl durch ihre Größe als auch die schlichte Ausstattung besticht. Sie ist die zweitälteste Kairos. Wunderbar sind die spiralförmigen Minarette. Nach der Legende steht sie mit ihrem weitläufigen Innenhof, dem sehr schönen Brunnenhaus und seinen Säulengängen exakt an dem Platz, wo Abraham (islamisch Ibrahim) seinen Sohn Isaak Gott zu opfern bereit war. Toller Blick vom 41 m hohen Minarett.

Sh. Darb el-Hosr (Midan Ibn Tulun)

Pyramiden von Giza

→ S. 103, südwestl. a 6

Die Pyramiden von Giza oder Giseh, erbaut 2700 bis 2560 v. Chr., stellen den Höhepunkt der ägyptischen Monumentalarchitektur dar. Die Idee der Pyramiden war, dem gottgleichen Pharao den Weg ins Totenreich zu bereiten – in einem möglichst einbruchsicheren Grab. Da die Pyramiden an der Grenze zwischen Fruchtland (Leben) und Wüste (Totenreich) stehen, legte man den Taltempel mit der Mumifizierungskammer ins Fruchtland und setzte die Mumie in der Sargkammer im Totenreich bei.

Überholt ist inzwischen die Ansicht, die Pyramiden seien in menschenunwürdiger Sklavenarbeit entstanden. Vielmehr war der Bau eine Art religiöse Erfüllung, und es galt als durchaus ehrenhaft, an diesem Sakralbau mitzuwirken. Zudem waren die Arbeiter während der Bauzeit – und gebaut wurde nur während der Nilüberschwemmungen – wenigstens versorgt, da sie auf den Feldern erst wieder nach Ende des Hochwassers tätig werden konnten.

Die Außenansicht der Pyramiden kostet 20 LE, die Innenansicht weitere 150 LE. Das Tickethäuschen liegt oberhalb des Mena House Hotels.

Ca. 10 km von Downtown Kairo

Cheops-Pyramide

An die 2,5 Mio. Steine, davon jeder mindestens 2 t schwer, wurden für die um 2528 v. Chr. fertig gestellte so genannte große Pyramide verwendet, die Grabstätte des Pharao Chufu (Cheops). Die Cheops-Pyramide ist 137 m hoch und hat eine Basisbreite von 227 m. Der ursprüngliche Eingang ist verschüttet. Durch einen niedrigen, 1,20 m hohen und steilen Schacht steigt man gebückt in die Grabkammer. In die Pyramide gelangt man durch ein enges Loch, das Grabräuber geschlagen haben (Extra-Eintritt). In der Grabkammer steht ein leerer Sarg.

Die Pyramide als Grab bildete das Zentrum eines heiligen Bezirks, zu dem der nur mehr im Grundriss erkennbare Totentempel an der Ostseite und ein Taltempel gehörten. In den Höfen und Kapellen des Totentempels betete man und brachte dem Toten Opfer dar. Der Taltempel, am Eingang zum Totenreich erbaut, diente als Leichenhalle. Dort wurde der tote Körper ausgeweidet und mumifiziert.

Chephren-Pyramide

Etwa 50 Jahre nach der Cheops-Pyramide wurde diese Grabstätte des Pharao Chafre (Chephren) errichtet. Die Chephren-Pyramide ist 136 m hoch und hat eine Basisbreite von 210 m. Ein Gang führt 30 m abwärts zur Grabkammer. Der nebenan liegende Totentempel wurde aus den massivsten Steinen gebaut, die jemals für ein Bauwerk verwendet wurden – 420 t schwere Monolithen. Von zwei Grabkammern (Extra-Eintritt) wurde eine nie benutzt; in der anderen steht ein schlichter Granitsarkophag.

Mykerinos-Pyramide

Sie ist mit ihrer Höhe von 108 m und ihrer Basisbreite von 79 m die kleinste der drei in der 4. Dynastie entstandenen Pyramiden. Als die Briten im 19. Jh. den Sarkophag nach England bringen wollten, sank das Schiff vor der spanischen Küste.

Sphinx

20 m Höhe, 73 m Länge, ein Gesicht von über 4 m Breite – das sind die Ausmaße des Sphinx', eines Löwen mit Menschenkopf (er ist anders als die griechische Sphinx männlichen Geschlechts). Als Wächter hütete er den Eingang zum Totenreich. Sein rätselhaftes Lächeln schien viele zu erschrecken, und mamlukische Schützen waren es, die den Kopf des Sphinx für Schießübungen benutzten. Die abgeschossene Nase und Teile des Barts kann man noch heute im Britischen Museum in London besichtigen.

Im Gegensatz zu den Sound-&-Light-Shows von Karnak und Philae muss man hier von Geschichtskitsch sprechen, der an handfesten Informationen eher spart. Zumindest erhält man einen Mini-Überblick über das alte pharaonische Ägypten.

Sound & Light in deutscher Sprache: So, Mo 19.30 Uhr (Winter), 22.30 Uhr (Sommer); Eintritt 55 LE

Wohl eines der bekanntesten Fotomotive überhaupt: der 20 Meter hohe nasenlose Sphinx mit der Mykerinos-Pyramide im Hintergrund.

MERIAN-Tipp

9 Khan el-Khalili Bazar

Der Souk von Kairo (gegr. im 14. Jh.) ist wohl der berühmteste Basar des Orients und der größte Markt Afrikas. Bis heute sind die Gassen erfüllt von einem alles erfassenden bunten, lärmenden Getümmel.

Sh. el-Azhar; Sa–Do 10–21 Uhr

→ S. 102, f 3

Stadtmauer → S. 102, ef 2

Die Mauer aus dem 11. Jh. umgab die fatimidische Stadt. Zu erreichen vom Midan et-Tahrir über die Sh. el-Gheish. Nur noch Reste zeugen von den einst 60 Toren aus großen Quadern.

Sultan-Hassan-Moschee → S. 103, e 4

Festungsartiger Bau (14. Jh.). Eine Kopie dieser Moschee ist die gegenüberliegende **Er-Riffa'i-Moschee**, in der neben anderen Würdenträgern auch König Faruk und der Schah von Persien beigesetzt wurden.

Midan Salah el-Din

Zitadelle → S. 103, ef 4

Feldherr Saladin ließ im 12. Jh. die Festung nach dem Vorbild der Kreuzritterburgen im Heiligen Land erbauen. 1823 teils zerstört, wurde sie wieder aufgebaut und vergrößert. Die zentrale Moschee der Zitadelle ist die **Mohammed-Ali-Moschee**, auch Alabastermoschee genannt. Alabaster, Gold und Teppiche im Stil des türkischen Rokoko prägen das Innenbild.

Midan Salah el-Din; Eintritt 20 LE

Museen

Ägyptisches Nationalmuseum → S. 102, c 3

1858 gründete der berühmte Ägyptologe Auguste Mariette das Ägyptische Nationalmuseum, das mit seinen ca. 150 000 Objekten zu den größten Museen der Welt gehört. Erst ein Neubau bei den Pyramiden wird dem chronischen Platzmangel abhelfen. Die Sammlung umfasst u. a. Statuen von Königen, Granitsphingen, Totenfiguren, Leichentücher und Grabbeigaben. Absoluter Publikumsmagnet sind die Säle mit dem **Schatz Tut-anch-Amuns**. Aus dessen Grab im Tal der Könige (Luxor) stammen u. a. in Saal 8 die vier reich verzierten Holzschreine sowie die vergoldete Kapelle. Die Schreine waren einst ineinander gelegt. Die Kapelle wird von den Schutzgöttinnen flankiert. Die Köpfe der Eingeweidebehälter tragen die Gesichtszüge des Pharao. Die Totenmaske Tut-anch-Amuns und die beiden Gold- und Holzsarkophage faszinieren in Saal 4. Der massive (!) Goldsarkophag wiegt 225 kg. Weiterer Höhepunkt des Museums ist der 1994 eröffnete Saal der Königsmumien (u. a. Ramses II.).

Midan Tahrir; tgl. 9–18.30 Uhr; Eintritt 40 LE

Koptisches Museum → S. 103, c 6

Die Sammlung gilt als die umfangreichste ihrer Art. Der Schwerpunkt liegt auf Kunstwerken und Architektur aus dem 4. bis 11. Jh. Säulen, Altäre, Wände mit Fresken (z. B. des hl. Georg), Gitter, Decken, Tonscherben, Drechselarbeiten und Töpferwaren.

Alt-Kairo; nach Renovierung Wiedereröffnung 2006 geplant

Museum für Islamische Kunst → S. 102, e 3

Einen nahezu geschlossenen Überblick über die islamische Kunst verschafft diese 1880 begründete umfangreiche Sammlung (23 Säle) mit ihren etwa 60 000 Objekten: Bücher, Handschriften, Malerei, Teppiche, Textilien, Waffen, Möbel, Türen, Wand- und Deckenvertäfelungen, Korankopien, Keramiken, Porzellan, über 45 000 arabische Münzen und Medaillen, Moscheelampen, Leuchter, Mosaike, Kristalle, Einlegearbeiten und Holzfriese.

Sh. Port Said; nach Renovierung Wiedereröffnung 2006 geplant

Essen und Trinken

Die großen Hotels beherbergen gute bis ausgezeichnete Restaurants der oberen Preisklasse.

Bamboo & Disco Sangria
→ S. 102, b 1

Nördlich des Fernsehgebäudes genießt junges Publikum ägyptische, italienische und französische Küche. Die Nilterrasse mit dem kühlenden Wind ist ein beliebter Treff. Zum Tanzen – eine Etage tiefer.

Corniche el-Nil; Tel. 5 79 65 11 ●●●● CREDIT

Khan el-Khalili → S. 102, f 3

Mitten im Basarviertel betreibt die Hotelkette Oberoi dieses schöne Restaurant mit ägyptischer und libanesischer Küche. Abends spielen Musiker ein klassisch-arabisches Repertoire.

5, Sikket el-Badestan, Khan el-Khalili; Tel. 5 93 22 62 ●●●●

La Bodega → S. 102, b 2

Restaurant, Lounge und Bar im Stil der Zwanziger- und Dreißigerjahre. Eine Etage höher befindet sich die eigene Galerie. Internationale Küche.

157, 26th of July St., im 1. Stock der Baehler's Mansions, Zamalek; Tel. 7 35 05 43 ●●● CREDIT

Papillon → S. 102, nordwestl. a 1

Exzellenter Libanese; man wird meist schon von den vielfältigen »Mezze« (Vorspeisen) satt.

26th of July St., Mohandessin; Tel. 3 47 16 72 und 3 03 50 45 ●●● CREDIT

Einkaufen

Shopping Malls sind »in« im Nahen Osten. Am größten und schönsten präsentieren sich die **Arcadia Mall** (hinter dem Conrad Hotel) und die **First Mall** (Sh. Giza, nahe dem Zoo).

Am Abend

Cairo Jazz Club → S. 102, a 1

Zweimal in der Woche Livebands, ansonsten läuft Musik vom Band, zu der man auch jederzeit tanzen kann.

197, 26th of July St., Mohandessin; Tel. 3 45 99 39

Diskotheken

Etliche Discos lassen nur Paare ein; Singles haben Pech. Geöffnet sind die Dancefloors in der Regel ab 22 Uhr.

Hard Rock Café → S. 103, b 4

Dekoriert mit den üblichen Devotionalien, bietet der Club auch sonst globalisiertes Entertainment mit einem Schuss ägyptischen Temperaments. Die Stimmung ist hervorragend. Regelmäßig Disco, gelegentlich Livebands.

Grand Hyatt Hotel, Corniche el-Nil, Garden City; Tel. 5 32 12 77

Latex → S. 102, c 3

Dauerbrenner im Keller des Nile Hilton Hotel. Die resoluten Türsteher weisen Single-Männer ab.

Nile Hilton Hotel, Corniche el-Nil/Midan el-Tahrir, Downtown; Tel. 5 78 04 44

Rithmo → S. 102, c 3

Lockere britische Club-Atmosphäre; meist ziemlich voll und laut.

Semiramis InterContinental Hotel, Corniche el-Nil; Tel. 7 97 71 71

Service

Auskunft → S. 102, d 2

State Tourist Information

5, Sh. Adly; Tel. 3 91 34 54

Bahn → S. 102, d 1

Vom Ramses-Bahnhof gehen alle Züge ab: Luxor (10, 12, 20.15, 20.45, 22.45 Uhr; jeweils mit 1. Klasse) und Assuan (7.30, 15.45, 18.45, 19, 19.15, 19.45, 21, 22, 22.15 Uhr; jeweils mit 1. Klasse); Zugauskunft: Tel. 5 75 35 55, 7 61 70 33, 5 10 40 99. Wagon-Lit-Schlafwagenzug nach Luxor/Assuan: Tel. 5 74 94 74.

Flüge → S. 102, nordöstl. f 3

Egypt Air fliegt alle wichtigen Orte im Land mehrmals täglich an. Auskunft u. a. bei Egypt Air am Flughafen: Tel. 2 44 14 60, 2 45 02 60.

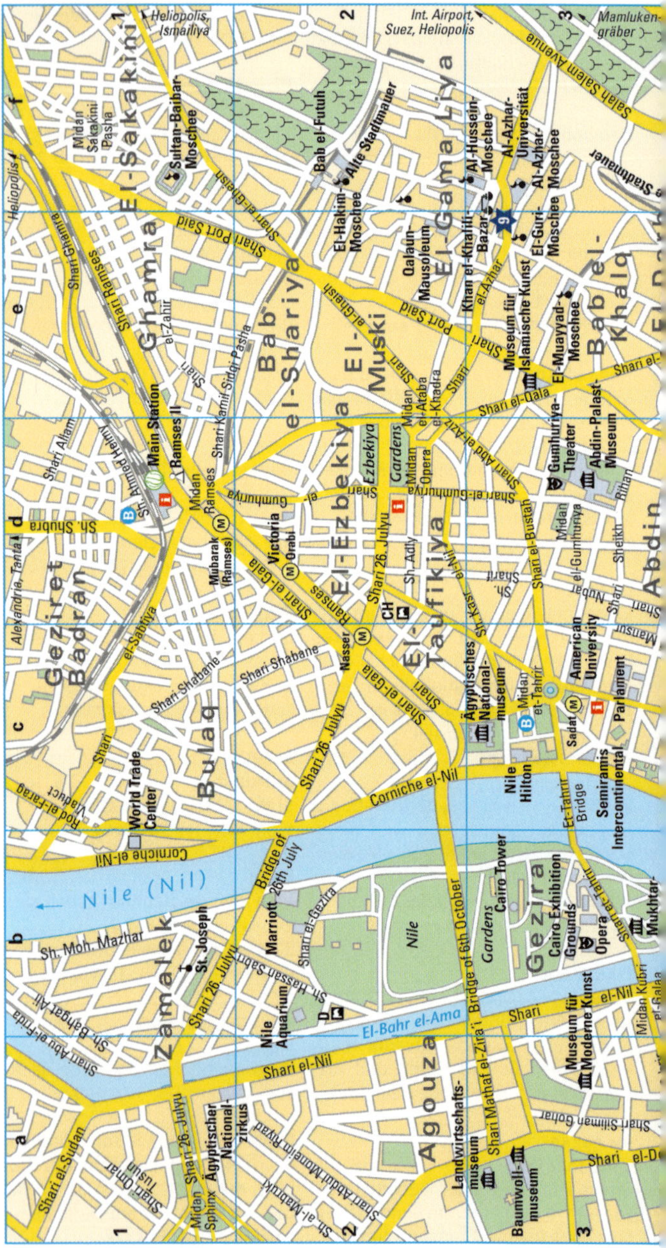
Heliopolis, Ismailiya
Int. Airport, Suez, Heliopolis
Mamlukengräber
Salah Salem Avenue
El-Sakakini
Midan Sakakini Pasha
Sultan-Baibar-Moschee
Bab el-Futuh
Alte Stadtmauer
El-Gama Liya
Al-Hussein-Moschee
Al-Azhar-Universität
Al-Azhar-Moschee
Stadtmauer
Heliopolis
Shari Ghamra
Ghamra
Shari Ramses
Shari Port Said
Shari el-Gheish
El-Hakim-Moschee
Qalaun-Mausoleum
Khan el-Khalili-Bazar
El-Guri-Moschee
el-Zahir
Bab el-Shariya
Shari Kamil Sidqi Pasha
El-Muski
Museum für Islamische Kunst
El-Muayyad-Moschee
Bab el-Khalq
Main Station
Ramses II
Midan Ramses
Shari Ahmed Helmy
Shari Allam
Midan el-Ataba el-Khadra
Shari el-Qala
Ezbekiya Gardens
Midan Opera
Shari el-Gumhuriya
Shari Abd el-Aziz
Gumhuriya-Theater
Abdin-Palast-Museum
Alexandria, Tanta
Sh. Shubra
Mubarak (Ramses)
Victoria
Orabi
El-Ezbekiya
Shari 26. Julyu
Sh. Adly
El-Taufikiya
Shari el-Bustan
Midan el-Gumhuriya
Abdin
Gezira Badran
Shari el-Sabtiya
Ramses
Shari el-Gala
Nasser
Sh. Kasr el-Nil
American University
Parlament
Shari Shabane
Bulaq
Ägyptisches National-museum
Midan el-Tahrir
Sadat
World Trade Center
Rod el-Farag Viaduct
Corniche el-Nil
Nile Hilton
Semiramis Intercontinental
Et-Tahrir Bridge
Nile (Nil)
Bridge of 26th July
Marriott
Shari el-Gezira
Nile Gardens
Cairo Tower
Bridge of 6th October
Gezira
Cairo Exhibition Grounds
Opera
Mukhtar-
Sh. Moh. Mazhar
St. Joseph
Sh. Hassan Sabri
Zamalek
Nile Aquarium
El-Bahr el-Ama
Shari el-Nil
Museum für Moderne Kunst
Midan Kubri el-Galaa
Sh. Bahgat Ali
Shari Abu el-Feda
Shari el-Sudan
Midan Sphinx
Ägyptischer National-zirkus
Agouza
Landwirtschafts-museum
Shari Mathaf el-Zira'i
Baumwoll-museum
Sh. Silman Gohar
Shari Omar Tusun
Shari Abdul Moneim Riyad
Sh. al-Mabruki

Kairo
© MERIAN-Kartographie
0
900 m
Fort Moham-med Ali
Guyushi-Moschee
Militärmuseum
Salah Salem Avenue
Sultan-El-Nasir-Moschee
Zitadelle
Mohammed-Ali-Moschee
Gawhara-Palast
Mamluken-gräber
El-Khalifa
Er-Riffa'i-Moschee
Sultan-Hassan-Moschee
Midan Salah el-Din
Bab-el-Azab
Gayer-Anderson-Museum
Ibn-Tulun-Moschee
Shari Imam el-Shafii
Imam-el-Shafii-Mausoleum
Shari Ain el-Sira
Saiyida-Zeinab-Moschee
Shari Port Said
El-Saiyida Zeinab
Zeinhom Gardens
Tilul Zeinhom
Aquädukt (Ruine)
Tilul Ain el-Sira
Mauerreste
Fustat-Ruinen
Sh. Beiram el-Tunsi
Sh. Ali Basha
Shari el-Sadd el-Barrani
Shari Magra el-Uyun
Amr-Ibn-al-As-Moschee
Koptisches Museum
Misr el-Qadima (Old Cairo)
Mari Girgis
El-Malik es-Salih
Shari Abu Seyfine
Manial-Palast, Museum
Corniche el-Nil
Sayalet el-Roda
Geziret el-Roda
Shari el-Manial
Shari el-Roda
Shari Abdul Aziz as-Saud
Nilometer
Nile Pharao, Sun Set
Nile (Nil)
El-Gamia Bridge
El-Giza Bridge
Fountain
Shari el-Nil
Shari el-Bahr el-Azam
Shari el-Giza
Shari Murad Bey
Shari el-Ahram
Shari Gami at el-Qahira
Zoo
Bot. Gardens
Shari el-Gamia
Shari Sarwat
Dokki
Cairo University
Entomologisches und Ornithologisches Museum
El-Giza
Luxor, Pharaonic Village
Giza Station
Alexandria, Pyramiden von Giza
Kamelmarkt
a
b
c
d
e
4
5
6

Hurghada

Tauchen, Surfen, Schnorcheln, Badespaß – in und um Hurghada wird Wassersport groß geschrieben.

Dinieren im Freien mit Blick über Hurghada und das Rote Meer: das Terrassen-Restaurant Felfela an der Hotel-Corniche von Hurghada.

Hurghada

→ S. 61, D 13/14

45 000 Einwohner
Vorwahl: 0 65

Der Badeort am Roten Meer, rund 400 km südlich von Suez, war bis vor drei Jahrzehnten wenig mehr als ein verschlafenes Fischerdorf. Erst mit der Stabilisierung des Friedens zwischen Israel und Ägypten konnte der Aufstieg zum Urlauberparadies beginnen. Man begann endlich zu nutzen, was man kostenlos von der Natur bekommen hatte: das Rote Meer, ein Paradies für Taucher; den Wind, ideal zum Surfen; die Sonne, die traumhaft warme Temperaturen für Badeurlauber garantiert.

In Hurghada sollte Ägyptens »anderer« Tourismus entstehen, das erholsame Kontrastprogramm für den Studientouristen. Seit Jahren wird das Ferienziel erweitert, es bilden sich neue, große Wohnviertel, derzeit fantasielos durchnummeriert von Mubarak I bis Mubarak VI. Die Hotel-Corniche wurde 2006 in weiten Teilen von vier Spuren auf eine verengt und durch gelungene mediterrane Fußgängerzonen mit Palmen und einem kleinen deutschen Biergarten aufgehübscht.

Hurghada erstreckt sich derzeit über rund 40 km und wächst weiter – Ende der Bautätigkeit: offen! Der Ort hat durch den Massentourismus leider viel von seinem früheren Charme verloren, die Leute haben einiges von ihrer Freundlichkeit gegen Geschäftssinn eingetauscht, und manche Riffe um die vorgelagerten Inseln Giftun und Magawish sind nur mehr kümmerliche Zeugen einer einst blühenden Unterwasserfauna. Trotz alledem ist Hurghada ein beliebtes Ferienziel und der bestausgebaute Badeort am Westufer des Roten Meeres.

Hotels/andere Unterkünfte

Conrad International
Hotel der Hilton-Gruppe, mit Pool, reichlich Grünanlagen und schönen Villen an der eigenen Bucht.
Hotel-Corniche; Tel. 3 44 32 50, Fax 3 44 32 58; Reservierung über Kairo; Tel. 02/5 80 80 00, Fax 5 80 81 81; www.hilton.com; 260 Zimmer ●●●● CREDIT

Jasmin Village
Komfortable Natursteinbungalows am hauseigenen Strand. Das Freizeitangebot ist überwältigend, Surfen, Tennis, Squash, Kinderspielplatz mit Zoo, Fußballplatz und eine der besten Tauchschulen am Roten Meer. Die Benutzung der Clubanlagen **Aladdin Beach** und **Ali Baba** ist im Preis bereits inbegriffen.
Hotel-Corniche; Tel. 3 44 64 42, Fax 3 44 64 41; www.jasmin-diving.com; 460 Zimmer ●●● CREDIT

Magawish Village
Bungalowanlage mit angeschlossener Surf-, Kite- und Tauchschule, vier Tennisplätzen, zwei Swimmingpools – und, so sagen die Surfer, dem besten Wind von ganz Hurghada. Der Strand ist mit einer Länge von 1,5 km und einer vorgelagerten Sandbank der schönste am Ort.
Hotel-Corniche; Tel. 3 44 26 21, Fax 3 44 64 26; www.magawish.com; 324 Bungalows ●●● CREDIT

MERIAN-Tipp

10 Oberoi Sahl Hasheesh

So ein Hotel erwartet man in Hurghada nicht: Wohnen wie in einem Märchen aus Tausendundeiner Nacht im exklusiven Luxushotel in arabisch-islamischem Stil. Die teuren Privatsuiten haben einen eigenen Pool. Wundervoller, fast 1 km langer Strand mit Steg, der übers Riff führt und den Einstieg zum Schwimmen, Schnorcheln, Tauchen ermöglicht. Viele Flitterwöchner buchen hier; für Familien mit Kleinkindern weniger gut geeignet.

Südl. Sheraton Road; Tel. 3 44 07 77, Fax 3 44 07 88; www.oberoihotels.com; 102 Suiten ●●●● CREDIT

The Grand Resort
Orientalische Architektur, stattliche Zimmer; prima für Familien (Kids Club).
Hotel-Corniche; Tel. 3 44 74 85, Fax 3 44 37 50; www.redseahotels.com; 750 Zimmer ●●● CREDIT

Sehenswertes

»Sindbad« Glasbodenboot
Auf 22 bis 25 m Tiefe sinkt das Glaskabinen-U-Boot und eröffnet auch Nichttauchern einen Einblick in die fantastische Unterwasserwelt.
Sindbad Resort, Hotel-Corniche; Tel. 3 44 46-88, -89, -90; tgl. ab 9 Uhr mehrere Trips; ca. 45 US$ bzw. 200 LE

Essen und Trinken

Die meisten Hurghada-Urlauber essen im Hotel, wo sich europäische und orientalische Fisch- und Fleischbüffets abwechseln. Fischliebhaber werden hier begeistert sein.

Bordiehn's Restaurant & Villa Kunterbunt
Kamelsauerbraten mit Spätzle, Lachs, Steak – bei Koch Thomas Bordiehn gibt's das alles.
Arabic Beach Resort; Tel. 3 54 87 90, Fax 3 54 48 88; www.bordiehn.com ●●●● CREDIT

Fish Market
Den besten Fisch weit und breit wählt man selbst vom Buffet aus und sagt dem Chef, wie er zubereitet wird.
InterContinental Hotel; Tel. 3 44 69 11 ●●● CREDIT

Al-Masri
Das Mutter-Restaurant in Luxor ist für seine gegrillten Kebabs und Kofta berühmt. Fast so gut ist diese Filiale.
Midan Sigala; Tel. 3 44 33 98; tgl. 17–24 Uhr ●●

Felfela
Traditionelle ägyptische Küche; lecker und preiswert.
Sheraton Road; Tel. 3 44 24 11; tgl. 10–2 Uhr ●●

Portofino
Fischgerichte, ägyptisch oder italienisch verfeinert.
Sh. Dr. Sayed Qaraiem; Tel. 3 54 62 50; tgl. 12–15, 19–24 Uhr ●●

Einkaufen

Im Ortszentrum finden sich Dutzende Läden, die Gold- und Silberschmuck, Handarbeiten und eine Vielzahl an Souvenirs anbieten – recht überteuert.

Vom winzigen Fischerdorf zum Eldorado der Strandurlauber und Wassersportler: Hurghada zählt inzwischen mehr als eine Million Besucher pro Jahr.

Am Abend

Hurghada besitzt ein lebhaftes Nachtleben, v. a. in den Hotels. Beliebt sind die **Jungle Disco** (Grand Hotel) und **The Dome** (Hotel InterContinental).

Pharaonic Go-Kart
Tolle Piste für die Mini-Flitzer.
Nähe Magawish Village; Tel. 0 12/2 17 74 18; tgl. 12–24 Uhr

Alf Leila wa Leila
Pharaonisch-beduinisches Disney mit Shows, Restaurants und Arena.
Am südl. Ortsende Hurghadas; Tel. 0 65/3 46 46 01; www.pickalbatros.com; tgl. 17–24 Uhr; Eintritt Show 90 LE

Black Out
Populäre Disco mit Schaumpartys.
Ali Baba Palace; Tel. 0 12/7 33 36 02; tgl. ab 23 Uhr

Papa's Beach Club/ Ministry of Sound the Beach
Seit 2006 darf sich der Club mit dem Namen des Londoner Sound-Ministeriums schmücken. Seither geht's hier ab ca. 23 Uhr openair mit Gogo-Girls und sexy Tanz-Show um 2 Uhr morgens noch ein bisschen wilder ab.
Sigala, nahe Eifel-Hotel; Tel. 3 44 41 46; www.ministryofsound.com/redsea

Lounge Bar/Ministry of Sound the Bar
Auch die modern und cool designte Bar-Lounge am Tabia Beach gehört nun zum Reich des Ministry of Sound.
El Tabia Beach; Tel. 0 12/3 82 06 94

Service

Busse
Mehrmals tgl. in alle Richtungen; Super-Jet-Busse nach Kairo und Alexandria (Tel. 3 54 47 22); mehrmals tgl. nach Luxor und Assuan (Tel. 3 54 75 82).

Flüge
Tgl. Flüge der Egypt Air nach Kairo; mehrmals wöchentlich Flüge nach Sharm el-Sheikh und Alexandria (Tel. 34 47 50 30, 3 44 07 88, 3 44 35 98).

Surfen
Surfcenter finden sich in allen größeren Hotels. Einer der besten:
Pro Center Tommy Friedl
Jasmine Village; Tel./Fax 3 44 64 50; www.tommy-friedl.de/spot.htm

Tauchen & Schnorcheln
Alle größeren Hotels oder Tauchschulen bieten Kurse an. Es gibt etwa fünf Dutzend Tauchschulen. Tipp:
James & Mac Giftun Beach Resort
Tel. 3 46 30 03, Fax 3 46 21 41, Mobil-Tel. 0 12/3 11 89 23; www.james-mac.com

Makadi Bay → S. 61, D 14

Eine verlassene Wüstenlandschaft, dann plötzlich Palmen und Gebäude wie aus Tausendundeiner Nacht. Die Makadi Bay bietet eine sehr schöne Meeresbucht mit leuchtend blauem Wasser und nahen Korallenriffen.

Hotels/andere Unterkünfte

Grand Makadi
Große Zimmer, sehr ruhige Anlage in orientalischer Architektur. Das Foyer erinnert an einen Kalifenpalast; schön die Taubentürme rund um den riesigen Pool. Das nächste Hotel (Fort Arabesque) liegt 10 Gehminuten entfernt; dort Bademöglichkeit im Meer.
Makadi Bay; Tel. 3 59 01 59, Fax 3 59 01 69; www.redseahotels.com; 300 Zimmer ●●●● CREDIT

Le Meridien Makadi Bay
Gebäude im nubischen Stil, gepflegter Sandstrand, kristallklares Wasser, schöne Schnorchelriffe in Strandnähe.
Makadi Bay; Tel. 3 59 05 90, Fax 3 59 05 95; www.lemeridien.com; 1031 Zimmer ●●●● CREDIT

Sol y Mar Club Makadi
Familienhotel mit eigener Tauchbasis am Strand, für Kinder flacher Strand.
Makadi Bay; Tel. 3 59 00 25, Fax 3 59 00 35; www.solymaregypt.com; 270 Zimmer ●●●● CREDIT

Sharm el-Sheikh

Auf dem Sinai empfing Moses die Zehn Gebote. Heute pilgern Urlauber zu den Traumstränden.

Die Küste um Sharm el-Sheikh – hier die Shark Bay – ist ein Paradies für Taucher und Schnorchler. Die weitläufigen Korallenbänke bergen eine fantastische Unterwasserwelt.

Sharm el-Sheikh

31 000 Einwohner → S. 61, E 13
Vorwahl: 0 69

Sharm, wie man kurz sagt, ist das pulsierende Touristenzentrum des Sinai, der Ort mit den höchsten Besucherzahlen, quirligem und kunterbuntem Nachtleben. Auf der breiten, mehrspurigen Peace Road fährt man ins Zentrum. Peace, Frieden – das Ringen um eine Lösung im Nahostkonflikt rückte Sharm el-Sheikh immer wieder als Austragungsort von Gipfeltreffen in den Fokus des Weltinteresses. Frieden herrscht noch immer nicht, aber der Ort nutzte die kostenlose Publicity, um – neben Hurghada – zum wichtigsten Ort des ägyptischen Badetourismus aufzusteigen.

Sharm el-Sheikh war über Jahrhunderte hinweg nur ein Beduinen- und Fischerdorf. Die moderne Geschichte beginnt 1967. In der Folge des Sechs-Tage-Krieges von Israel besetzt, wurde mit dem gesamten Sinai auch Sharm israelisch. Armeepioniere, später Sporttaucher und Campingurlauber erkannten den Reiz dieses Fleckens. Der wirkliche Aufstieg zum Tourismusmagnet konnte aber erst mit der Rückgabe des Sinai an Ägypten 1982 beginnen. In den ersten Jahren schlugen fast nur Camper ihre Zelte neben frei laufenden Kamelen auf, wo heute Fünf-Sterne-Hotels mit Pool, mit importiertem Rasen und Palmen die ovalförmige Naama Bay säumen. Etwa 29 000 Touristenbetten zählte der Ort 2006. Bis zum Jahr 2010 sollen es mehr als 60 000 sein.

An der **Naama Bay**, zuletzt grundlegend erneuert, flaniert man in einer charmanten Fußgängerzone mit Cafés, Kneipen und Restaurants von McDonald's bis zum Libanesen – der ideale Platz für den Abend vor dem Aufbruch in die Disco-Nacht, die für ausdauernde Nachtschwärmer erst mit dem Sonnenaufgang endet. Die Tage gehören hier aber eindeutig dem Strand und dem Meer.

Hotels/andere Unterkünfte

Sharm el-Sheikh ist der teuerste Badeort Ägyptens. Individualtouristen zahlen ungleich mehr als das Gros der Pauschalurlauber, die günstigeren Unterkünfte liegen meist weit vom Strand entfernt.

Domina Prestige Coral Bay

Geräumiges Haus; in der hoteleigenen Beautyfarm unterzieht der Gast seinen geschundenen Körper diversen Wellness-Kuren (u. a. Thalasso).

Sheikh Coast Bay; Tel. 3 60 16 10, Fax 3 60 08 43; www.dominacoralbay.com; 64 Zimmer ●●●● CREDIT

Hilton Sharm el-Sheikh Fayrouz Resort

Liebevoll gepflegte und gehegte, idyllische Gartenanlage; geräumige Bungalows mit Gartenterrasse.

Naama Bay; Tel. 3 60 01 37, Fax 3 60 10 43; www.hilton.com; 210 Zimmer ●●●● CREDIT

Hyatt Regency

Eines der schönsten und modernsten Hotels von Sharm el-Sheikh mit einer weitläufigen Anlage, großen, komfortablen Zimmern und Riesenpool mit kräftigem Strömungskanal. Strand und Meerzugang sind allerdings etwas klein ausgefallen.

The Garden's Bay; Tel. 3 60 12 34, Fax 3 60 36 00; www.sharm.hyatt.com; 439 Zimmer ●●●● CREDIT

Ritz Carlton

Geheizter Swimmingpool in den frischeren Wintermonaten. Im Spa Ölbäder à la Kleopatra, in unmittelbarer Nähe liegt ein 18-Loch-Golfplatz.

Om el-Seed; Tel. 3 66 19 19, Fax 3 66 19 20; www.ritzcarlton.com/resorts/sharm_el_sheikh; 321 Zimmer ●●●● CREDIT

Sonesta Beach Resort

Kleiner Strand, schöne Schwimmbecken. Der Service ist vorzüglich.

Naama Bay; Tel. 3 60 07 25, Fax 3 60 07 33; www.sonesta.com/egypt_sharmresort; 520 Zimmer ●●●● CREDIT

Mövenpick Jolie Ville Sharm el-Sheikh
Eine riesige Anlage; Gäste aus der »Sports Area« jenseits der Hauptstraße erreichen den Strand erst nach einem Fußmarsch. Bei der Buchung besteht man folglich besser auf Unterbringung in der »Front Area«. Der Strand ist leider sehr klein geraten.
Naama Bay; Tel. 3 60 01 00, Fax 3 60 01 11; www.moevenpick-hotels.com; 418 Zimmer ●●● CREDIT

Camel Hotel
Familiäre Atmosphäre, zentral gelegen, ruhig. Behindertengerechte Zimmer vorhanden. Die Tauchlehrer des Camel Dive Centers bilden auch Behinderte aus.
Naama Bay; Tel./Fax 3 60 07 00; www.cameldive.com; 38 Zimmer ●● CREDIT

Pigeon's House
Einfaches, sehr gemütliches Haus; oft von Jugendgruppen belegt; besser frühzeitig reservieren!
Naama Bay; Tel. 3 60 09 96, Fax 3 60 09 55 ●●

Shark's Bay Bedouin Home
Das Hüttendorf ist eine der wenigen Alternativen zu den teuren Fünf-Sterne-Hotels; eigene Tauchschule.
Shark's Bay; Tel. 3 60 09 41, Fax 3 60 09 43; www.sharksbay.com ●

Jugendherberge
Günstig und gut.
Auf dem Hügel nahe Aida Beach Hotel, Hadabet om Elsayed; Tel. 3 66 03 17; 252 Betten ●

Essen und Trinken

Sharm hält ein mit jeder Saison reichhaltiger werdendes Gastronomie-Angebot bereit. Selbstverständlich sind neben den typisch ägyptischen Schnellimbissen auch McDonald's, Pizza Hut und Kentucky Fried Chicken mit Fastfood-Restaurants vertreten. Die Lokale sind täglich von 12 bis 15 und 18 bis 24 Uhr geöffnet.

Beach Restaurant
Man wählt den fangfrischen Fisch an der Theke aus und legt auch noch die Art der Zubereitung fest. Das Personal hilft mit guten Tipps; Reservierung empfohlen.
Naama Bay, Hilton Fayrouz; Tel. 3 60 01 37 ●●●● CREDIT

El-Fanar
Einer der besten Italiener in Ägypten Zum Dinner kommt man erst nach 20 Uhr – Plätze reservieren!
Ras Umm Sid; Tel. 3 66 22 18 ●●●● CREDIT

Kokai
An der Uferpromenade tischt man japanisch-polynesische Spezialitäten in Form köstlicher Fleisch- und Fischgerichte auf. Fisch wird nach japanischer Art direkt am Tisch zubereitet. Reservieren!
Naama Bay, im Ghazala Hotel; Tel. 3 60 01 50 ●●●● CREDIT

Sala Thai
Dieses Dinner-Restaurant sollte man nicht verpassen: klassische Thai-Küche im stilvollen Ambiente. Reservierung erforderlich.
The Garden's Bay, im Hyatt Regency Hotel; Tel. 3 60 12 34 ●●●● CREDIT

Byblos
Sowohl die Vorspeisen (»mezze«) als auch die Hauptgerichte sind gut und überaus reichlich.
Naama Bay, gegenüber Hard Rock Café; Tel. 3 60 08 20 ●●● AmEx VISA

Einkaufen

Alle größeren Hotels verfügen über ihre eigenen Boutiquen, die allerdings fast immer hoffnungslos überteuert sind. Geschäfte jeder Art findet man rund um die Fußgängerzone der Naama Bay. Wichtigster Tipp: Folgen Sie niemals den Schleppern, die einen gerne in obskure Werkstätten und Fabriken locken wollen; dort bekommt man fast immer nur Ramsch aufgeschwatzt. Und nie vergessen: feilschen, feilschen, feilschen!

Größter Einkaufsmarkt ist der **24/7 Supermarkt**, rund um die Uhr geöffnet, jeden Tag. Im Angebot sind Lebensmittel ebenso wie PC-Zubehör (El Hadaba; Tel. 3 66 33 39; www.247supermarket.com).

Am Abend

Am Tag in der Sonne brutzeln, nachts bis zum frühen Morgen ins Nightlife tauchen – das ist Sharm pur.

Alf Leila wa Leila
»Tausendundeine Nacht«-Vergnügungspark und Shopping Mall in arabischer Architektur. Nach zwei Shows (21.30 und 23 Uhr; So auf Deutsch) für Pferde- und Kameldressuren beginnt die Disco für alle.
Tel./Fax 3 66 42 80; tgl. ab 18.30 Uhr

Eis laufen
Eislauf und Hockey bei Discomusik im Concorde El Salam Hotel.
White Knight Beach; Tel. 3 60 14 60; tgl. 10–23 Uhr

Ghibli Raceway/Gokart-Bahn
Auf vier Pisten brettert man mit Helm und Gokart-Flitzern in die Kurven.
Naama Bay nahe Hyatt Hotel; 12–1 Uhr

Hard Rock Café
Wie in aller Welt: laute Musik, schnelles Essen, gute Drinks.
Naama Bay; Tel. 3 60 26 65; tgl. ab 16 Uhr

MDM
Sharm macht sich inzwischen einen Namen als Party-Zone, auch dank des MDM-Clubs; hier wird bis zum Morgengrauen abgetanzt.
Naama Bay, nahe Fußgängerzone

Mojo Lounge
Ruhige Thai-Lounge mit weißen Sofas, großer Terrasse, gedämpfter Musik – und vorzüglichem Essen.
Iberotel Lido; Tel. 3 60 26 03 16

Pacha/Bus Stop
Sharms Top-Club. Regelmäßig Pool- und Schaumpartys, dazu »House Nation Parties« (Eintritt 125 LE).
Sanafir Hotel; Tel. 3 60 01 97, Fax 3 60 01 96; www.pachasharm.com; tgl. ab 21 Uhr

Service

Touristeninformation
Government Building; Tel. 3 60 01 70; Sa–Do 8–13 Uhr

Touristenpolizei
Naama Bay; Tel. 3 66 03 11
Marina Sharm; Tel. 3 66 06 75

Busse
Von Sharm el-Sheikh fahren tgl. mehrmals komfortable Super-Jet-Busse in alle Landesteile, Auskunft Tel. 3 60 16 22.

Flüge
Egypt Air fliegt mehrmals tgl. nach Kairo, mehrmals wöchentlich nach Luxor. Auskunft und Reservierung: Egypt Air Office, Tel. 3 60 03 14.

In der sichelförmigen Naama Bay liegt die Amüsiermeile von Sharm el-Sheikh.

Wissenswertes über die Nilkreuzfahrt

Begehrt als Souvenir: Viele lassen es sich nicht nehmen, die Eintrittskarten der ägyptischen Sehenswürdigkeiten als Sammlerstücke mit nach Hause zu nehmen.

Nützliche Adressen und Informationen, Reiseknigge, Wechselkurse, praktische Tipps und vieles mehr, was Sie für Ihren Urlaub in Ägypten wissen sollten, finden Sie hier – von A bis Z.

Dynastien und Pharaonen

Über drei Jahrtausende reicht die pharaonische Geschichte Ägyptens. Historiker teilen die Epochen – mit zeitlich voneinander abweichenden Angaben – in 30 Dynastien (v. griech. Herrscher). Diese Einteilung geht auf den ägyptischen Priester und Historiker Manetho (3. Jh. v. Chr.) zurück, ist teils überholt, aber dennoch gebräuchlich. Zum Nachschlagen bei Besichtigungen finden Sie nachfolgend aufgelistet die einzelnen Dynastien und jeweils wichtige Pharaonen.

Null-Dynastie
3150 v. Chr.–3000 v. Chr.
Herrschaft lokaler Könige, wie Skorpion, Fisch, Storch; nullte Dynastie genannt, weil erst durch die neuere Forschung hinzugefügt.

Frühzeit
3000–2700 v. Chr. (1–2. Dynastie)
Diverse Lokalkönige, u. a. König Menes, einen Unter- und Oberägypten zu einem geschlossenen Reich.

Altes Reich
2700–2150 v. Chr. (3.–6. Dynastie)
Der König herrscht über 42 Gaue, in die das Land eingeteilt ist. Als Pharao ist er Mensch, Gott und Gottessohn in einer Person. Es entstehen die großen Pyramiden von Giza. Pharaonen u. a.: Djoser, Cheops, Chefren, Mykerinos, Pepi. Ende der 6. Dynastie erstarken die Gaufürsten, es verblasst die Zentralmacht der Pharaonen.

Erste Zwischenzeit
2150–2050 v. Chr. (7.–10. Dynastie)
Das von Bürgerkriegen erschütterte Reich wird zeitweise von mehreren Königen gleichzeitig regiert.

Mittleres Reich
2040–1650 v. Chr. (11.–14. Dynastie)
Mentuhotep I. befriedet das zerfallene Reich, bricht die Macht der Gaufürsten. Der Hauptgott heißt Amun. Pharaonen u. a.: Mentuhotep I.-IV., Sesostris I-III.

Zweite Zwischenzeit
1650–1535 v. Chr. (15.–17. Dynastie)
Die aus Vorderasien stammenden Hyksos unterwerfen Ägypten.
Pharaonen u. a.: Sobekhotep I.-V.

Neues Reich
1550–1070 v. Chr. (18.–20. Dynastie)
Mit der Vertreibung der Besatzer beginnt eine rund 500 Jahre währende Blüteperiode. Um Luxor und Abu Simbel entstehen die größten pharaonischen Monumente. Das Neue Reich stellt die wohl schillerndste aller Dynastien dar.
Pharaonen u. a.: Amenophis (Amenhotep) I.-III., Thutmosis I.-IV., Hatschepsut (Pharaonin), Echnaton (Amenophis IV.), Tut-anch-Amun, Ramses I.-XI, Sethos I.-II.

Spätzeit
1070–332 n. Chr. (21.–30. Dynastie)
Der Untergang des pharaonischen Reichs nimmt seinen Anfang. Amun-Priester halten in Oberägypten das Zepter in der Hand. Nubische Könige erobern Oberägypten; später regieren Libyer, Äthiopier und Perser Ägypten. Pharaonen u. a.: Kambyses, Darius I.-II., Xerxes I.-II., Nektanebos I.-II.

332 v. Chr.–30 v. Chr.
Alexander der Große gliedert Ägypten seinem Reich ein. Unter seinen Nachfolgern, den Ptolemäern, übernimmt das Land für drei Jahrhunderte die hellenistische Kultur.

30. v. Chr.–395 n. Chr.
Nach Oktavians Sieg über Kleopatras Flotte wird Ägypten römische Provinz und Kornkammer des Reiches.

395–641 n. Chr.
Unter den byzantinischen Kaisern verarmt Ägypten allmählich.

Nützliche Adressen und Reiseservice

Auf einen Blick
Fläche: 1 001 049 qkm
Sprache: Ägyptisch-Arabisch
Einwohnerzahl: 72 Mio. (2006)
Bevölkerung: Ägypter, Minderheiten von Sudanesen, Syrern, Beduinen, Nubiern, Palästinensern
Größte Städte: Kairo (21 Mio.), Alexandria (6,5 Mio.), Giza (2,2 Mio.), Shubra al-Khaymah (0,9 Mio.)
Religion: rund 90 % Muslime (fast nur Sunniten), 7–10 % christliche Kopten. Staatsreligion ist der Islam; Minderheitenschutz
Staat: Präsidiale Pseudo-Demokratie
Pro-Kopf-Einkommen: ca. 800 €/Jahr
Arbeitslosigkeit: über 20 %
Inflation: 10–20 %

Anreise

Mit dem Flugzeug

Die ägyptische Fluggesellschaft Egypt Air bedient mit einer Reihe von Verbindungen (z. T. im Codesharing mit Austrian Airlines) die deutschen Flughäfen. Außerdem fliegen alle großen Fluggesellschaften (Lufthansa, Swiss, KLM, Condor, Air Berlin, LTU, HLX und Hapag Lloyd) Ägypten an. Mit Direktflügen erreicht man neben Kairo folgende Zielorte: Alexandria, Hurghada, Luxor, Marsa Alam, Sharm el-Sheikh, Taba und seit 2006 Marsa Matruh; v. a. auf dem Last-minute-Markt gibt es preisgünstige Angebote.

Wichtig: Einige Fluggesellschaften verlangen eine Bestätigung von Rückflügen; Details finden Sie in Ihren Flugunterlagen.

Lufthansa
Tel. 02/3 39 83 39 (keine Rückbestätigung erforderlich)

Austrian Airlines
Tel. 02/5 75 39 55 (zentral für Ägypten)

Egypt Air
Neben der oft überlasteten landesweiten Call-Center-Nummer 09 00/7 00 00 gibt es Infos hier:
- Kairo, Tel. 02/3 90 09 99 und 3 47 20 27
- Assuan, Tel. 0 97/2 31 50 00, 75 40 84
- Luxor, Tel. 0 95/2 38 05 80
- Hurghada, Tel. 0 65/3 44 44 20, 3 44 65 13
- Sharm el-Sheikh, Tel. 0 69/3 60 03 14, 3 60 01 00, 60 10 56, 3 60 10 57

Billigtickets: www.traveloverland.de und www.aeroplan.de

Auskunft

In Deutschland

Ägyptisches Fremdenverkehrsamt
Auskünfte werden leider nur schleppend und beinahe unwillig erteilt; das zugesandte Informationsmaterial ist spärlich und wenig hilfreich.
Kaiserstr. 64 a, 60329 Frankfurt/Main; Tel. 0 69/25 21 53

In Ägypten

State Tourist Information
5, Sh. Adly, Kairo; Tel. 02/3 91 34 54

Bevölkerung

1960 zählte Ägypten 16 Mio. Einwohner, im Jahr 2006 wurde die 72-Millionen-Grenze überschritten. Anders gesagt: Auf einer Gesamtfläche von 1 001 049 qkm leben heute 25-mal so viele Menschen wie vor 150 Jahren. Und jedes Jahr kommen etwa 1,2 Mio. Ägypter dazu. Das ungebremste Bevölkerungswachstum bringt vor allem große Ernährungs- und Wohnraumprobleme mit sich. Ägypten ist eine kulturelle Mischgesellschaft: Rund 90 % der Bevölkerung sind Muslime, 7–10 % Kopten, also Christen. mehr als 75 % der Einwohnerschaft sind Fellachen (Bauern).

Buchtipps

Die Midaq-Gasse. In der Geschichte der Bewohner dieser Kairoer Straße spiegeln sich die Konflikte der gesellschaftlichen Veränderungen im modernen Ägypten. Der Roman von **Nagib Machfus**, einem der bedeutendsten arabischen Autoren der Ge-

genwart und Nobelpreisträger von 1988, ist im Unionsverlag erschienen.

Hamidas Geschichte (dtv) erzählt von einem Mädchen in einem Dorf am Nil, das nach einer Vergewaltigung vor der eigenen Familie fliehen muss. Die Ärztin und Schriftstellerin **Nawal El Saadawi** wurde nach ihrem ersten Buch, **Frauen und Sexualität**, als Direktorin des Kairoer Gesundheitsamtes entlassen, ihr Werk auf den Index gesetzt.

Diplomatische Vertretungen

In Deutschland

Botschaft der Arabischen Republik Ägypten

Stauffenbergstr. 6–7, 10785 Berlin; Tel. 0 30/4 79 01 88-0

Generalkonsulate

- Harvestehuder Weg 47, 20149 Hamburg; Tel. 0 40/4 10 10 31
- Eysseneckstr. 34, 60332 Frankfurt; Tel. 0 69/95 51 34-10

In Österreich

Ägyptische Konsularabteilung

Hohe Warte 54, 1190 Wien; Tel. 01/ 3 70 81 04

In der Schweiz

Botschaft der Arabischen Republik Ägypten

Elfenauweg 61, 3006 Bern; Tel. 0 31/ 3 52 80 12

In Ägypten

Deutsche Botschaft

8 B, Sh. Hassan Sabri, Zamalek, Kairo; Tel. 02/7 39 96 00, Fax 7 36 05 30

Honorarkonsulat Hurghada

Road 365, El Gabal el Shamali; Tel. 0 65/ 3 44 36 05, 3 44 57 34, Fax 3 44 36 05

Generalkonsulat Alexandria

5, Mina St., Roushdie; Tel. 03/5 45 70 25, Fax 5 45 59 99

Österreichische Botschaft

5, Sh. El-Nil, Giza, Kairo; Tel. 02/ 5 70 29 75, Fax 5 70 29 79

Botschaft der Schweiz

10, Sh. Abd al-Khaliq Tharwat, Downtown, Kairo; Tel. 02/5 75 81 33, Fax 5 74 52 36

Feiertage

1. Januar Neujahr
8. März Staatsfeiertag
25. April Sinai-Befreiung
1. Mai Tag der Arbeit
23. Juli Revolutionstag
6. Oktober Tag der Streitkräfte
24. Oktober Einzug in Suez

Der wöchentliche Ruhetag ist der **Freitag**. Die Termine der islamischen Feste richten sich nach dem kürzeren Mondkalender und verschieben sich jedes Jahr um elf bis zwölf Tage nach vorn.

Fotografieren

Grundsätzlich darf alles fotografiert werden, außer Hafenanlagen, Bahnhöfen, Flughäfen, Brücken oder militärischen Anlagen im weitesten Sinn (eine militärische Anlage kann, wie in der Wüste erlebt, schon ein Stück Stacheldrahtzaun sein, der 10 km vor einem Wachposten endet). Wer Menschen fotografieren will, sollte vorher deren Erlaubnis einholen. Verzichten Sie darauf, verschleierte Frauen ungefragt aus der Nähe ins Visier zu nehmen. In Museen und Gräbern darf kaum noch und wenn, dann nur gegen eine Gebühr (und ohne Blitz) abgedrückt und gefilmt werden.

Geld

Währung ist das **Ägyptische Pfund** (abgekürzt LE für Livre Egyptienne); 1 LE unterteilt sich in 100 Piaster (PT). Es gibt Pfundnoten zu 1, 5, 10, 20, 50 und 100 LE, außerdem Piasternoten zu 25 und 50 PT sowie Münzen zu 5, 10, 20 und 25 Piaster. Der Kurs des Pfundes hat sich auf einen Wert von ca. 0,14 € bei Umtausch in Ägypten eingependelt (mit ca. 20 % Toleranz). Es gibt keine Einfuhrbeschränkung.

Die Banken wechseln zu unterschiedlichen Kursen Euro in Ägyptische Pfund (LE). Viele Bankinstitute, insbesondere in den größeren Hotels, lösen **Travellerschecks**. Mit **EC/Maestro-** und **Kreditkarten** (Visa, Euro/MasterCard) bekommen Sie an Automaten Bargeld. American Express verfügt über eigene Bankschalter und Büros in Kairo, Luxor und Assuan. Banken sind täglich außer freitags von 8.30–14 Uhr, in Kairo und den Touristenzentren bis 13.30 und 18–21/22 Uhr geöffnet, Geldinstitute in großen Hotels rund um die Uhr, ohne Feiertag.

Internet

www.touregypt.net Die offizielle Website des Ministeriums für Tourismus bietet Infos auf über 7000 Seiten, u. a. aktuelle Fotos vieler Hotels (in der Datenbank wie in Hotelkritiken).
www.sis.gov.eg Staatliches Info-Portal der Regierung.
www.guardians.net Eine Ägyptologie-Website in Zusammenarbeit mit der staatlichen Antikenverwaltung.
www.heisinger-aegypten.de Lesenswerte Seite zum Einstieg in die Ägyptenkunde.
www.egypttoday.com Egypt Today, das Monatsmagazin; Kultur, Lifestyle, Archäologie, umfangreicher Adressteil und Kulturkalender.
www.ahram.org.eg/weekly Sehr gute Wochenzeitung mit wöchentlichen Veranstaltungstipps (Kino, Konzerte, Theater, Galerien usw.).
Internetcafés gibt es überall im Land. Alle modern ausgestatteten Nilschiffe haben Internetzugang, einige kabelloses WLAN.

Kreditkarten

Mit Kreditkarten (allen voran Visa) können Sie in vielen Geschäften, in fast allen Hotels und auf fast allen Schiffen bezahlen. Bargeld bekommen Sie mit Visa, Euro/MasterCard, EC/Maestro (Automaten).

Medizinische Vorsorge

Nicht nur für die Nilreise, sondern auch den Badeurlaub sollten Sie eine kleine Reiseapotheke dabei haben. Der Inhalt: Mittel gegen Durchfall, Fieber und Erkältungen, Schmerzmittel, eine Creme für Insektenstiche, Verbandszeug, Wunddesinfektion,

Wechselkurse

LE	Euro	Franken
0,5	0,07	0,11
1	0,15	0,23
2	0,29	0,46
5	0,73	1,15
10	1,45	2,30
20	2,90	4,60
30	4,35	6,90
50	7,25	11,50
100	14,50	23,00
200	29,00	46,00
500	72,50	115,00
750	108,75	172,50
1000	145,00	230,00

Stand: Juni 2006

Nebenkosten
(umgerechnet in Euro)

1 Tasse Kaffee	1,50
1 Bier	2,50
1 Cola	1,50
1 Brot (ca. 500 g)	0,50
1 Schachtel Zigaretten	1,50
1 Liter Normal-Benzin	0,20
Öffentl. Verkehrsmittel (Einzelfahrt)	0,05
Mietwagen/Tag	ab 60,00

Pflaster, Schere. Tipps zur Vorbeugung: Verzichten Sie auf rohes Obst und Gemüse, ebenso auf Salate und Speiseeis, v. a. wenn Sie anfällig für Durchfallerkrankungen sind. Wichtig: viel Wasser trinken, Speisen kräftiger als gewohnt salzen, um den hohen Salzverlust durch das Schwitzen auszugleichen. Alkohol sollte man während der Hitze des Tages meiden.

Besondere Impfungen sind für Ägypten nicht nötig. Bei Reisen in abgelegene Gebiete fragen Sie Ihren Arzt oder ein Tropeninstitut, etwa das Bernhard-Nocht-Institut in Hamburg (www.bni.uni-hamburg.de).

Notruf

Feuerwehr: 125
Polizei: 122
Krankenwagen: 123

Post

Öffnungszeiten: Sa–Do 8–15 Uhr. Briefmarken werden in Postämtern, Hotelrezeptionen und Zeitungsläden der großen Hotels verkauft. Wichtige Mitteilungen nur per Kurier (DHL, Fed Ex) verschicken oder mit Express Mail Service (EMS), einem Kurierdienst der Post, den es bei allen größeren Postämtern gibt. Ein Brief nach Europa (Dauer ca. fünf, nicht wie versprochen zwei Tage) kostet mit EMS ca. 12 €. Luftpost soll in die roten Briefkästen.

Reisedokumente

Für Ägypten ist ein Reisepass nötig, der bei der Einreise noch mindestens sechs Monate gültig ist; als Behelf genügt ein Personalausweis mit zwei mitzubringenden Passbildern. Kinderausweise gelten nur mit Foto. **Visa** für die Einreise (ca. 15 €) bekommen Sie vor Ort an allen Flughäfen, Häfen und Grenzübergängen. Eine Verlängerung des Visums über die gültigen vier Wochen hinaus ist möglich, in Kairo bei der Mugamma am Midan Tahrir, Immigration, 1. Stock, bzw. bei den Polizeibehörden in jedem größeren Ort. Hotels erledigen das für Sie.

Reiseknigge

Die Fettnäpfchen auf dem Weg durch Ägypten sind nicht allzu zahlreich, selten folgenreich – denn die Geduld des Ägypters mit Ausländern ist schier unendlich (mit seinesgleichen eher nicht, aber das ist etwas anderes). Ungeduld und Hast, damit kann man sich wirklich unbeliebt machen. Freunde für den Moment gewinnen Sie dagegen, wenn Sie sich ein paar Brocken Arabisch angeeignet haben. Frauen sollten, sofern sie keine entsprechenden Absichten verfolgen, darauf verzichten, sich mit Männern alleine zu treffen, sich kumpelhaft zu benehmen und langen Augenkontakt zu halten. Im Zweifelsfall wird ihnen das als stillschweigende Aufforderung zu Intimerem als nur gemütlichem Beisammensein ausgelegt.

Einladungen werden dem Ausländer gegenüber schnell ausgesprochen und sind im Grunde nur bei mehrmaliger Wiederholung ernst- bzw. anzunehmen. Als Gast bringt man ein Geschenk mit – Kuchen, nicht Stücke, sondern eine ganze Torte. Blumen sind nicht willkommen! Bei ärmeren Familien können Sie auch die Kinder (z. B. mit Geld) beschenken.

Im Gespräch verlangt das Thema **Religion** besonderes Feingefühl. Man wird akzeptieren, dass Sie einer anderen Offenbarungsreligion angehören, ein Bekenntnis zum Atheismus wird aber auf wenig Verständnis stoßen. Tunlichst lassen sollte man es auch, sich offen für Israels Palästinapolitik zu begeistern. Sinnlos sind auch in den meisten Fällen Belehrungsversuche, wenn der Gesprächspartner Hitlers Taten lobt und nicht versteht, dass die Deutschen das seit 1945 ganz anders sehen.

Was manchen Ägyptenreisenden schon nach kurzer Zeit nervt, ist die Bettelei, die Aufdringlichkeit, mit der für jeden Handgriff ein großzügiges **Bakschisch** erwartet wird – eine direkte Armensteuer, wie viele sagen. Der Fremde, der mehr für eine Hotelnacht ausgibt, als die meisten Ägypter im Monat verdienen, wird für unermesslich reich gehalten. Nun mag Bakschisch im Einzelfall Ausdruck der Hilfe von Mensch zu Mensch sein. Dagegen ist nichts einzuwenden, und Trinkgeld für wirkliche Leistungen sollte ebenfalls selbstverständlich sein. Doch oft haben Sie es auch mit organisierten und vergleichsweise wohlhabenden Bettlern zu tun. Wenn Sie also gezielt helfen wollen, dann geben Sie Geld besser an Moscheen; so erreicht Ihre Hilfe eher die wirklich Bedürftigen.

Reisewetter

Wer Ägypten in den Sommermonaten besuchen will, muss Hitze mögen. In Oberägypten liegen die Tagestemperaturen dann bei weit über 40 °C. Durch die trockenen Wüstenwinde sind jedoch auch hohe Temperaturen erträglich. In Unterägypten – auch Kairo – kommt es durch die höhere Luftfeuchtigkeit besonders im Juli und August zu schwülem Wetter. Der Dauersmog wird dann für manchen völlig unerträglich. Die klassische Reisezeit für Ägypten sind die Monate von Oktober bis April. Regen fällt in Kairo selbst in den Wintermonaten nur selten. Der von März bis Mai stunden- oder tagelang wehende Chamsin, ein Wind, der feinen Sandstaub mit sich führt, macht manchen gesundheitlich zu schaffen. Am Roten Meer tritt er gelegentlich in Form eines eisigen Windes auf. Stets warm ist es auch auf dem Sinai, wo es im Herbst und Winter nur im Hinterland zu Regenfällen kommt.

Sprache

Sprache und Schrift im Arabischen sind sozusagen stenografisch. Überwiegend werden nur die Konsonanten geschrieben, und das nicht nur von rechts nach links, sondern auch noch in wechselnder Buchstabengestalt – je nachdem, ob ein Buchstabe alleine, am Anfang, im Inneren oder am Ende eines Wortes auftaucht. Für Vokale gibt es Vokalisierungszeichen. Zahlen schreibt man von links nach rechts, wie in der Lateinschrift. Presse und Rundfunk bedienen sich der arabischen Hochsprache, die man in allen arabischen Ländern versteht. Ansonsten pflegt jede Region ihren Dialekt. Vieles ist in Ägypten in Englisch geschrieben und beschildert.

Stilvoll reisen, umringt von gediegenem Luxus: eine Suite auf der »SS Misr«.

Der Schlüssel des Tempelwächters hat die Gestalt des Ankh-Zeichens, der Hieroglyphe mit der Bedeutung »Leben«.

Stromspannung

220 Volt beträgt die Spannung, gelegentlich 110/115 Volt. Adapter sind erforderlich. Mit kurzen Stromausfällen muss man immer rechnen.

Telefon

Mit dem Handy (»mobile«) hat man auf der Strecke der Nilkreuzfahrten, nicht aber auf dem Nassersee eine fast lückenlose Netzabdeckung und kann sich wie im übrigen Ägypten in eines der beiden GSM-Netze einloggen. Die Kosten für Roaming-Gespräche nach Europa können 2,50–5 €/Min. betragen. Lohnenswert ist unter Umständen eine »Holiday line«, wie sie Vodafone und MobiNil anbieten. Die 30-Tage-Karte kostet ca. 80 LE. Man lädt sie mit 25, 50, 100 oder 200 LE beliebig oft auf. Erhältlich an den Verkaufsstellen von Vodafone und MobiNil, in Supermärkten und an Kiosken.

Öffentliche Fernsprecher ermöglichen internationale Gespräche mit Telefonkarte. Teuer sind Gespräche von Hotels aus.

Vorwahlen
D, A, CH → ET: 00 20
Alexandria: 3
Assuan/Abu Simbel: 97
Hurghada: 65
Kairo: 2
Luxor: 95
Sinai: 69
(in Ägypten 0 + Vorwahl wählen)

ET → D: 00 49
ET → A: 00 43
ET → CH: 00 41

Trinkgeld

In Restaurants und Cafés sind ca. 5 % die Richtschnur. Bei hohen Beträgen gibt man etwas weniger, bei niedrigen etwas mehr. An Bord der Nilschiffe hat es sich leider eingebürgert, dem Kellner schon am Anfang der Reise eine Euro-Anzahlung auf sein Trinkgeld zu geben, um sich die gefällige Aufmerksamkeit des Personals – und eventuell den täglichen Stammtisch – zu sichern.

Trinkgelder bekommen auch Kofferträger (5 LE/Gepäckstück) und Zimmermädchen (10 LE/Tag), Taxifahrer erwarten jedoch nichts.

Verkehrsverbindungen

Bahn

Gute Bahnverbindungen gibt es in klimatisierten Waggons erster Klasse (»Wagon Lits«-Nachtzug) zwischen Kairo und Luxor/Assuan (Info: Tel. 02/5 74 94 74). Erfahrungsgemäß hat der Luxor/Assuan-Zug mindestens zwei bis drei Stunden Verspätung. Abfahrt in Kairo: Ramses Station.

Busse

Das flächendeckende Verkehrsmittel ist in Ägypten zweifellos der Bus. Alle größeren Dörfer und Städte sind miteinander verbunden, und alle Linien verkehren mindestens einmal am Tag. Fahrpläne existieren zwar, trotzdem empfiehlt es sich zu klären, ob die Abfahrtszeiten stimmen. Auf langen Überlandstrecken sind auch so genannte **Super-Jet-Busse** im Einsatz. Sie sind bequem, und es werden meist Kaffee, Tee und Snacks serviert. Tickets bekommen Sie frühestens ein, zwei Tage vor Abfahrt.

Flugzeug

Egypt Air verbindet Kairo u. a. mit Luxor, Assuan, Abu Simbel, Hurghada, Sharm el-Sheikh. Fliegen ist das mit Abstand teuerste Fortbewegungsmittel in Ägypten.

Mietwagen

Die Preise der internationalen Mietwagenverleihfirmen sind annähernd gleich – gleich hoch. Lokale Anbieter sind billiger; die Wartung der Autos ist allerdings oft sehr nachlässig. Angebote von Leihwagenfirmen findet man in der überall erhältlichen Zeitschrift »Egypt Today«. In Oberägypten, sprich Luxor und Assuan, gibt es nur wenige Anbieter.

In Ägypten gelten auf den ersten Blick keinerlei Verkehrsregeln. Im Prinzip gelten zwar alle, die Wichtigste aber ist: Der Stärkere hat Vorfahrt, und jeder rechnet jederzeit damit, dass ein Stärkerer unerwartet um die Ecke schießt. Die Höchstgeschwindigkeit beträgt in Orten 50 km/h, auf Landstraßen 80 km/h. Alkohol am Steuer ist strikt verboten.

Sammeltaxen

Selbst im kleinsten Dorf werden Sie die Sammeltaxen (Peugeots, Toyota-Busse) finden, die erst losfahren, wenn der Wagen voll ist. Eng geht es hier zu. Dazu Hitze, Schweiß, Zigarettenqualm – so eine Fahrt kann einen den letzten Nerv kosten, nicht zuletzt wegen der Formel-1-Ambitionen, die nahezu jeder der Fahrer hegt.

Taxis & Droschken

Gängigstes Fortbewegungsmittel in den Städten ist das Taxi, wozu in Oberägypten auch die Pferdedroschke zählt. Busse sind, weil permanent überfüllt, nicht zu empfehlen, schon gar nicht für Frauen. Busfahren scheint das Hobby aller Grapscher zu sein. Während an Touristenorten wie Hurghada und Sharm el-Sheikh die Taxi-Monopolisten ihre horrenden Preise diktieren, gelten in Kairo, Luxor und Assuan noch annähernd die Gesetze des freien Marktes. Das heißt: Sie müssen als Ägyptenneuling (Taxifahrer scheinen das zu riechen) feilschen. Nach kurzer Zeit werden Sie aber wie die Ägypter Taxis auf der Straße per Handzeichen stoppen, sich reinsetzen und nach dem Aussteigen den Fahrpreis begleichen. Was man zahlt? Auf den Kurzstrecken genügen 5 bis 10 LE. Lassen Sie sich von den wortgewaltigen Taxifahrern nicht beeindrucken. Vielfach höhere Preise verlangen sämtliche Hotel-Limousinen und Taxis, die vor größeren Hotels und den Touristenattraktionen warten. Auf dem Vormarsch sind Tuk-Tuks, die aus Asien bekannten Dreirad-Taxen.

Trinkwasser

Als Tourist sollten Sie nirgends vom Wasserhahn trinken; auch fürs Zähneputzen vorsichtshalber Mineralwasser benutzen.

Wäscherei (»Laundry«)

Auf den Schiffen kann man ebenso wie in Hotels seine Wäsche waschen, nicht aber reinigen (»dry cleaning«) lassen. Die Preise können happig sein.

Wirtschaft

Ägypten zählt zu den hoch verschuldeten Ländern der Dritten Welt. Das jährliche Pro-Kopf-Einkommen liegt bei ca. 800 €. Ein Berg offener und versteckter Subventionen kostet den Staat viel Geld. So ist Brot beispielsweise billiger als das Getreide, aus dem es gebacken wird. Also verfüttern viele Bauern an ihre Tiere eben das billige Brot. Ein weiteres Problem: Löhne und Gehälter sind so niedrig, dass Hochqualifizierte und Facharbeiter auswandern und vor allem in den Golfstaaten hoch dotierte Posten annehmen. Mittlerweile kann das Land nicht mehr auf die Devisen verzichten, die es durch die Überweisung der Auslandsägypter an ihre Familien in der Heimat bekommt.

Neben den Einnahmen aus dem Tourismus und dem rückläufigen Baumwollexport spielt für Ägypten die Erdölförderung von etwa 40 Mio. t jährlich eine gewichtige Rolle. Eine weitere Etat-Konstante sind die Einnahmen aus den Suezkanal-Gebühren.

Landwirtschaft – Sie sehen es in Oberägypten vom Schiff aus – wird meist noch wie eh und je betrieben (→ MERIAN-Spezial, S. 92). Die Erträge können mit der Bevölkerungsexplosion nicht Schritt halten. Die Erntefläche Ägyptens wuchs nur um das Dreieinhalbfache, während sich die Bevölkerung vervielfachte. Die ca. 3 Mio. ha Ackerland werden künstlich bewässert, die Technisierung der Landwirtschaft, wie sie der Staat zu propagieren versucht, wird von den Fellachen, den Bauern, oft nicht akzeptiert. Man arbeitet, pflügt und ackert lieber so, wie es Vater, Großvater und Urgroßvater getan haben.

Ohne den permanenten, in vielen Regionen entflammten Nahost-Konflikt hätte Ägypten längst Staatsbankrott anmelden müssen. Dank seiner Mittlerrolle wurden dem Land aber Schulden erlassen und neue Kredite gewährt. Weitere Hilfe machen der Internationale Währungsfonds und die Weltbank von einer radikalen Wirtschaftsreform abhängig: Privatisierung staatlicher Betriebe (geht schleppend voran), Reduzierung des Haushaltsdefizits von 26 % auf 6 %, Anhebung der Verbraucherpreise – viel sozialer Sprengstoff, der die zaudernde Regierung die Macht kosten könnte und den Fundamentalisten die Massen in die Arme treiben würde. Preiserhöhungen finden deshalb – wo möglich – auf »kaltem« Wege statt. In Reis- oder Zuckerpackungen werden bei gleichem Preis einfach die Mengen reduziert.

Wichtige Eckdaten: Wachstum ca. 2 %; Inflation ca. 10–20 %; Arbeitslosenquote über 20 %.

Zeitungen und Zeitschriften

Die großen überregionalen deutschen Zeitungen (SZ, FAZ, Welt, Die Zeit) und Zeitschriften (Spiegel, Stern, Bunte, Focus) bekommt man in Ägypten ein bis drei Tage nach Drucklegung in den meisten größeren Hotels und an zentralen Zeitungskiosken.

In französischer Sprache erscheint die ägyptische Tageszeitung »Le Progrès Egyptien«, in Englisch die »Egyptian Gazette« – beide jedoch bis zur Selbstverleugnung regierungsunterwürfig, heuchlerisch und unkritisch. Lesenswert sind dagegen die jeden Donnerstag in Englisch erhältliche »Al Ahram Weekly« sowie die »Al Ahram Hebdo« in Französisch. Reportagen aus Ägypten und jede Menge Infos über Kultur, Musik, Theater, Literatur und Veranstaltungen beinhaltet die Monatsillustrierte »Egypt Today«. Lesenswert auch: die »Middle East Times«.

Außerdem ist zu Ägypten ein MERIAN-Heft im Handel erhältlich (ISBN: 3-7742-6608-5).

Zeitunterschied

Wenn Sie nach Ägypten kommen, stellen Sie in der Regel die Uhr um eine Stunde vor. Da Sommer- und Winterzeit zu anderen Terminen als in Europa beginnen, kann die Differenz für wenige Tage auch null bzw. zwei Stunden betragen. Apropos Zeit: Die arabische Viertelstunde kann mehrere Stunden bis ewig dauern...

Zoll

Alles, was Sie für Ihren persönlichen Bedarf mitbringen wollen, können Sie ohne Formalitäten ein- und wieder ausführen. Ausnahme: Ihre Videokamera (nicht die Fotoausrüstung) lassen Sie besser in den Pass eintragen. Weitere Auskünfte unter www.zoll.de, www.bmf.gv.at/zoll und www.zoll.ch.

Hier finden Sie alphabetisch aufgeführt alle in diesem Band beschriebenen Orte und Ziele, Routen und Touren. Bei einzelnen Sehenswürdigkeiten steht jeweils der dazugehörige Ort in Klammern, bei Hotels steht zusätzlich die Abkürzung H für Hotel. Außerdem enthält das Register wichtige Stichworte sowie alle MERIAN-Tipps, -TopTen und -Spezial dieses Reiseführers. Wird ein Begriff mehrfach aufgeführt, so verweist die **fett** gedruckte Zahl auf die Hauptnennung, eine *kursive* Zahl verweist auf ein Foto.

A

B

C

D

E

F

G

Liebe Leserinnen und Leser,
wir freuen uns, Ihre Meinung zu diesem Reiseführer zu erfahren. Bitte schreiben Sie uns, wenn Sie Berichtigungen und Ergänzungsvorschläge haben oder wenn Ihnen etwas besonders gut gefällt:

TRAVEL HOUSE MEDIA GmbH, Postfach 86 03 66, 81630 München
E-Mail: merian-live@travel-house-media.de Internet: www.merian.de

DER AUTOR

Diesen Reiseführer schrieb **Michel Rauch**, Jahrgang 1960, über 10 Jahre lang freier Nahostkorrespondent für deutsche Zeitungen, Zeitschriften und TV-Produktionen in Kairo. Das dort gegründete Büro namens Yalla! (www.yalla.eu) arbeitet nun von Hamburg aus. Reisebücher über die arabischen Staaten des Nahen Ostens sowie Israel.

Bei Interesse an Karten aus MERIAN-Reiseführern schreiben Sie bitte an:
iPUBLISH GmbH, geomatics
Berg-am-Laim-Straße 47
81673 München
E-Mail: geomatics@ipublish.de

Bei Interesse an Anzeigenschaltung wenden Sie sich bitte an:
KV Kommunalverlag GmbH & Co KG
MediaCenterMünchen
Tel. 0 89 - 92 80 96 - 44
E-Mail: kramer@kommunal-verlag.de

FOTOS

Titelbild: Feluken bei Assuan (Bildagentur Huber/R. Schmid); untere Reihe von links: Sonnenbad an Deck (C. Emmler/laif), Tempel von Abu Simbel, (A. Krause), Nillandschaft mit Kreuzfahrtschiff (H. Arndt); alle übrigen Fotos H. Arndt außer: Belle Epoque Travel Bureau 14; Bildagentur Huber/J. Huber 82/83, 88; /PictureFinders 44, 58; M. Deganck/F1 online 70; /R. Schmid 4/5, 38, 46, 51, 68, 94/95; /Zoom 106; W. Forster 7, 52, 92; FVA 32; R. Irek 74; A. Krause 28, 40, 42, 62, 111, 120; laif/Emmler 22, 30, 87, 99; /Kirchner 48; /Krause 108; /Kreuels 36/37; /Le Figaro Magazine 57; /Selbach 104; /VU 24; H. Mielke 25, 29, 34; T. Stankiewicz 11, 12, 20/21; Traveline 59, 119

PROGRAMMLEITUNG
Susanne Böttcher
REDAKTION
Susanne Kronester, Cathrin Rummel
LEKTORAT UND SATZ
Ewald Tange, tangemedia, München
GESTALTUNG
wieschendorf.design, Berlin
KARTEN
MERIAN-Kartographie
PRODUKTION
Renate Hutt
DRUCK
Appl, Wemding
BINDUNG
Auer, Donauwörth
GEDRUCKT AUF
Nopacoat Edition von der Papier Union

1. Auflage
ISBN (10) 3-8342-0117-0
ISBN (13) 978-3-8342-0117-1

TRAVEL HOUSE MEDIA

Ein Unternehmen der
GANSKE VERLAGSGRUPPE

Nilkreuzfahrt
Von Luxor bis Assuan

MERIAN-Tipps
Tipps und Empfehlungen für Kenner und Individualisten

1 **Felukenfahrt auf dem Nil**
Kein großer Pott, sondern ein kleiner Segler, maximal vier Leute an Bord. Einfaches Essen, kleiner Preis (→ S. 17).

2 **Al Moudira Hotel**
Erfüllt sich ein Hotelier seinen Traum vom schönen Wohnen, dann kommt ein Haus wie dieses in Luxor heraus (→ S. 39).

3 **Zu Fuß zu Hatschepsut**
Vom Tal der Könige über den Berg zum Hatschepsut-Tempel – ein Erlebnis, toller Ausblick inklusive (→ S. 44).

4 **Mumien-Museum**
Hier geht's in Luxor nur um mumifizierte Tiere: Katze, Krokodil & Co., eine kleine feine Ausstellung (→ S. 45).

5 **Basar von Assuan**
Das Gegenstück zu Kairo: übersichtlich, und die Souk-Händler sind weit weniger aufdringlich (→ S. 64).

6 **Sonnenschauspiel Abu Simbel**
Jeden 21. Februar und 21. Oktober fällt die Sonne morgens spektakulär ins Tempel-Allerheiligste (→ S. 76).

7 **»MS Eugenie«**
Mit dem Belle-Époque-Dampfschiff über den Nassersee, eine unvergessliche Reise in stilvoller Atmosphäre (→ S. 84).

8 **Angeln im Nassersee**
Nilbarsche, ungelogen soooo groß – wer mal 25 Kilo aufwärts an den Haken kriegen will, fischt am Nassersee (→ S. 91).

9 **Khan el-Khalili Bazar**
Kairos Basar ist der größte Afrikas, ein quirliges, lautes Einkaufsparadies, ein Fest auch für die Sinne (→ S. 100).

10 **Oberoi Sahl Hasheesh**
Für den Badeurlaub in Hurghada ist diese edle Herberge ideal: nur Suiten, langer, abgeschiedener Strand (→ S. 105).

← MERIAN-TopTen finden Sie auf Seite 1